JN081236

# 協同組合の源流の思想と社会改革への対応

国政改革を展望して

北出 俊昭

筑波書房

# はしがき

本書はオウエン、サン・シモン、フーリエおよびマルクス、エンゲルス、レーニンの意見を対比して、現代における協同組合の社会改革への課題と対応について検討したものである。思想がまったく異なるこの両者を比較検討した理由は、もともと両者は資本主義に起因する災厄の改善・改革を目指していることでは共通しているが、オウエン、サン・シモン、フーリエの意見には、まさに「空想」として時代を超えた人間社会の在り方も示されていた。したがって現在の社会改革とくに民主的課題への対応を検討するうえでもこの「空想」の意味も考えて両者を比較検討することにも意味があり、協同組合の機能と役割にもそのことがいえるように思うからである。

本書でのこうした検討については、両者の意見には表現の上では同じようでも政策の思想的、歴史的位置づけは全く異なっているので、双方の理論に「架け橋」を架けるような検討については批判もありうる。ただ、資本主義体制が政治的にも経済的にも格差の拡大などで矛盾が顕在化し、世界的には民主的課題の改善・改革が主要な課題となり、わが国でも国政の私物化や強権政治に対する批判も強まっている現在、国政を多数者の参加により改善・改革するうえでは、こうした検討も無駄ではないと思われるのである。

なお、周知のようにエンゲルスはオウエン、サン・シモン、フーリエを空想的社会主義者として批判したが、同時に一面では評価もしていた。本書での検討内容はその評価の側面を如何に考えるかにもかかわる問題であるともいえる。読者の皆さんの忌憚のないご意見をいただければ幸である。

最後になったが出版事情が厳しい状況にもかかわらず本書を出版していただいた筑波書房、とくに鶴見治彦社長に心より感謝したい。

２０２１年７月

著者

# 目次

# Ⅰ　協同組合の源流の思想と特徴

# 第1章　オウエンの思想と地域共同体建設（1）

## 1　ニュー・ラナークの「統治」と特徴

### （1）「統治」の目的と内容

1800年、ロバート・オウエン（以下「オウエン」）はニュー・ラナークに新居を構え、その「統治」に本格的に取り組んだ。ニュー・ラナークはグラスゴーから東南へ約30㎞の農村地帯にある小さな町で、妻の父ダビッド・デールが発明家アークライトの協力もえて経営していた工場ではすでに最新式の機械が整備されていた。そのため、オウエンが居を構える直前の1799年当時、「スコットランド最大の綿紡績工場で地域では2500人の住民が住んでいた」といわれていた(2)。そのニュー・ラナークの工場を義父から引き継いだオウエンは、自ら「工場経営」といわずに敢えて「統治」といったが、その理由はどこにあったのか。彼は次のように述べている(3)。

「綿紡績工場の単なる一支配人として、この頃一般にこの種の工場が管理されていたような風にそれをやってゆこうとするにあったのではなく……ニュー・ラナーク全体の人々の性格に有害な影響を与えるごとき境遇に包まれているこの人々の状態を一変させようとすることにある」

つまり、オウエンのいう「統治」は共同体建設によるニュー・ラナークの環境改善で住民生活の状況を一変することを目指すことを意味したが、そこに彼の理念と意欲が集約されていた。具体的には、綿紡績工場のほか日常品店舗、教育施設（学校・託児所）、共同の炊事場と食堂および学習室と教会を備えたビル、住民住宅などを整備し、資本主義社会とは異なった協同組合による地域共同体の建設であった[4]。

改めてその特徴をみると、日常品店舗は地域ではただ一つの便利な店舗だったが、これを協同組合的なシステムに改善し、まがいものでない良い品をほとんど原価で販売し、余剰が出れば地域に還元して教育などの必要な資金として活用した。また、環境が子供に与える影響を重視し、教育施設の整備によりその改善も目指した。オウエンは厳しい労働条件や長時間労働がとくに子供に悪影響を与えている実態を改善するため、「貧民の子供たちが悪しき習慣に染まるのを防ぎ、彼らに有用な訓練と教育をほどこし、彼ら自身と社会に最大の利益」をもたらそうとしたのである[5]。

このニュー・ラナークの教育施設の特徴は、本に悩まされることがないように「ひろい遊び場と運動場のある学校二つ」が必要であるとし、「第1の学校は3才から6才の幼児、第2の学校は6才から12才までの子供」[6]を対象としたことである。同じ考えからオウエンは工場では10歳以下の子供を働かせないようにするだけでなく夜間教室も開催し、出席を励ますため労働時間の削減も行った。また、教育内容にも特徴があり歴史、地理だけでなく自然研究、手芸、音楽、ダンスなど広い分野にわたっていたのである(7)。

オウエンがこうした教育施設を整備した背景にはもちろん子供の教育を重視したことがあるが、それだけでなく当時の家庭状況では両親にはしっかりしたシステムで教育する利点がないので、子供は可能な限り小さい時から両親から離すべきであると考えていたためでもあった。当時イギリスでは少年労働者の長時間労働が一般的で社会問題となりオウエンも批判的であったが、このニュー・ラナークの取り組みは工場法に先だった実践でもあった。

なお、住民住宅は集合的アパート型式であるが一つの部屋で家族全員が住むことができ換気、水道にも工夫がされているなど、当時としては高級な造りであった。これもオウエンの「環境重視」思想のあらわれであった。

こうした諸施設の整備とともにオウエンが重視したのは工場管理である。莫大な物品が密かに盗まれる状態を防止するため、毎朝すべての部門から残高を報告させたほか賃金と勤務時間、製品の品質と価格、効率的な在庫管理などを厳しくすると同時に、盗み・詐欺・欠勤・大酒飲みの労働者の解雇もおこなった。このためオウエンは〝意地悪〟との評判もあったが、工場の利益が増大したため労働者の信頼も高まったのである。とくに1807年、アメリカとの貿易紛争で数カ月に亘り生産がストップしたが、それでもオウエンは賃金を払いつづけたので、支持は一層強まったといわれている(8)。

ただ、このような工場管理はオウエンだけでなく、普通の私企業でもみられたことであるが、そのなかでニュー・ラナークの「統治」を目指したオウエンらしい注目すべき特徴は、工場労働者の各人にたいし「口をきかぬ監視者」（silent monitor）を設置したことである。これは各面が黒、青、黄、白の縦・横3・5cm程度の四角形の先の尖った木片で、各色は順に「悪い」、「可も不可もなし」、「良い」、「優れている」を示していた。これを各労働者が分かるようなるべく目立ったところに吊すと同時に操行簿によりチェックし、部門ごとにまとめ毎日協議したのである。

オウエンがこのモニターを導入したのは、仕事上の規律として単に管理を厳しくしたり肉体的な罰をあたえるのではなく、労働者の自覚を高め自主的に造られた新しい精神を重視したからである。実際、この「口をきかぬ監視者」は劣悪な行為を防止するうえで大きな効果を発揮したのである(9)。

### (2)「統治」の理念と成果

オウエンがこうした各種施設の整備や工場管理を行ったのは、「野蛮人から賢者に及ぶまで、どんな種類の性格も、適当な手段を用いることによって作りうる」(10)という信念があったからである。ニュー・ラナーク「統治」の重要な特徴は、この信念に基づき人間形成における環境の影響を重視し、人々に有害な影響を与えている環境を一変するためで、施設整備だけでなく教育を重視したのも同じ考えからであった。つまりオウエンは「物質的貧困」は「精神的貧困」にも原因があるが、その「精神的貧困」は環境を改善することで改善できるので、「物質的貧困」を改善するためにも環境を重視したということができる。

こうした理念でニュー・ラナークを「統治」した結果、地域の「物質的貧困」だけでなくオウエンがもっとも重視した工場労働者の「精神的貧困」も大きく改善された。オウエン自身、「工場に初めて連れてこられた人々は最も無知で最も窮乏した人々であり、……一般に怠け者であり、盗みぐせ、酔っぱらいぐせ、うそつきのくせが大いにあった」が、それを取り除くような環境の改善に取り組んだ結果、「目に見えて正直・勤勉になり、飲酒を慎み……怠け者、酔っぱらい、あるいは泥棒はほとんどみられなくなり、……彼らは新しい人間になった」(11)と述べている。そこには多少の誇張があったにしても、労働者の「精神的貧困」が改善され、日常生活も大きく変化したことは認めてよいだろう。

このニュー・ラナークの成功経験を踏まえ、オウエンはさらに、「(現在は）次代の人間の性格を一人の例外もなく、自分たちがのぞんでいるとおりの性格すなわち人間の本性に反しないものにしていくことが可能な時代」(12)にあるとも述べている。これは環境が子供の人間形成に重要な影響があることを強調したときの意見だが、人間形成にも悪影響を及ぼしている資本主義体制を根本的に改革しようとしたオウエンの信念を表した言葉でもあった。

オウエンは人間は利己的で他人を犠牲にしてでも営利主義により金儲けをするのではなく、本来慈愛があり他人の幸福を願う心があるという人間の善意への限りない信頼をもっていたが、そうした本来の人間性を実現するためにも地域共同体を実現しようとしたといえよう。

ただ、このようにオウエンは人間性の実現のためにも資本主義体制の改革を主張したが、その全般的な変革ではなく小規模な地域的な協同組合によりそれが可能であるとしたため、空想的社会主義者として批判されたことは周知のとおりである。

(注)

(1)本章は拙著「協同組合と社会改革」(筑波書房)の「Ⅱ　オウエンの思想と地域共同体建設」を若干修正・加筆したものである。

(2)「New Lanark Heritage Trail」(New Lanark Conservation Trust)１ページ。以下施設の説明はとくに断らない限りこの資料による。

(3)ロバアト・オウエン著五島茂訳「オウエン自叙伝」(１９９５年10月　岩波書店)１１０ページ。

(4)レイドロウは「西暦２０００年における協同組合」で自らが提示した「協同組合地域社会」をオウエンの「地域共同体」と区別しているが、オウエンは「ラナーク州への報告」で協同組合が生み出した結果を調べたうえで地域共同体の計画を提示するなどして協同組合という言葉を使っていることも指摘しておきたい(傍点筆者)。

(5)オウエン「製造し労働する貧民救済教会調査委員会への報告」『都築忠七編資料イギリス初期社会主義――オウエンとチャーティズム』(１９７５年11月　平凡社)78ページ。

(6)オウエン「ラナーク州への報告」『梅根悟・勝田守一監修「社会変革と教育」』。(１９６８年４月　明治図書出版株式会社）１５４～１５５ページ。以下ニュー・ラナークの説明はとくに断らない限りこの資料による。なおそこでは「第１の学校は2才から6才の幼児」となっているが本書では他の資料も参考に「3才から」とした。
(7)「The Story of Robert Owen」（New Lanark Conservation Trust）14ページ。
(8)同右。7～8ページ。
(9)（3）に同じ。１５２ページ。
(10)オウエン「ニュー・ラナーク施設についての声明書」。（5）に同じ。46ページ。
(11)同右。
(12)オウエン「ラナーク州への報告」。（6）に同じ。１５４ページ。

## 2　協同組合による地域共同体建設

### （1）地域共同体の理念とニュー・ラナークでの実践

オウエンが日常体験していた「環境」とは私企業による利益追求の長時間労働、低賃金、貧困のほか労働者の無知、怠惰などであったが、彼の特徴はその改善を資本主義の生産構造そのものではなく、労働者が実際に生活している「現場」に求めたことである。「現場」を改善すれば、本来の人間性発揮を阻んでいる「環境」も改善され、私的利益と公共的利益が一致し、ともに増大することができるというのが彼の考えであった。ニュー・ラナークの「統治」はそのためで、「環境」によって支配される社会状態から、「環境」を支配することを目指して地域共同体の建設に取り組んだのである。オウエンは社会の全般的変革ではなく、小規模で地域的な改革にとどまり空想的と批判されたのもそれが理由であった。

こうした批判にもかかわらずオウエンが地域共同体の建設に意欲を示したのは、彼には地域共同体に対する強い信念があったからである。彼が示した地域共同体の具体的な計画内容と特徴をみると次の通りである(1)。

1　最少量の労働で生産者と社会に最大の利益となるよう、土地耕作者が最小限300人、最大限2000人、もっとものぞましいのは800人から1200人までの集落を形成する。

2　ここで耕作される土地は一人当たり半エーカー～1エーカー半で、全体では150～3000エーカー、普通では800～1500エーカーで中位の1200エーカーが最も適当である。

3　共同体をひとつの家庭として家庭内施設を配置する。個人宿舎には台所をつくらず料理を共同化し共同食事を目指す。子供の衣服も活動的で四肢が十分発達し健康になるよう改善し、躾と教育を徹底する。併せて広い遊び場と運動場のある学校も整備する。

4　共同体の全員は工場か作業所の仕事に順番に従事すると同時に、この仕事を農耕園芸の仕事と交互に行う。仕事の細分化と利害の分割は相互の敵視、犯罪、悲惨とひどい肉体と精神の低能状態を改善するための措置であった。この共同体制度により人間は比較的容易で健康な仕事をしながら多くの富を生産できる。

5　共同体は「年齢と経験」以外のどんな差別もしない。共同体内部には公の犯罪はなくなり、普通の社会ではどうしても避けられない裁判所、刑務所、刑罰はいらない。その理由は普通の社会のこれら施設は個人的競争と賞罰という人間を堕落させる制度のうえに成り立っているからである。

右の記述からも明らかなように、この計画の重要な特徴は、オウエンが目指したのは地域的で小規模な共同体であるが、そこでは協同組合的理念を基本とした共同体が目指されていたことである。オウエンはこの計画の最初に6項目の基本的考えを示しているが、そこでは共同体の構成人数、耕作面積だけでなく、住居施設や生活でも「協同組合を一つの家庭」とすることなど、全てに「協同組合」が前提とされていた。それは一般的には地域共同体は生活必需品、便宜品、慰安品を全部自力で生産しなければならないが、協同組合はそれに相応しい組織であるという認識があったからである。もちろんこの計画で協同組合が基本とされているといっても、今日でいう一人一票制などの協同組合原則について述べているわけではない。しかし、計画内容は正に協同組合による地域共同体であり、オウエンが「協同組合の父」といわれる所以である。

この共同体構想をはじめオウエンのニュー・ラナークの「統治」は、もっと利潤を上げる方向に資本金を使うべきだとする共同出資者の反対にあい協力者を失うこともあったが、オウエンはすぐ新しい協力者を得て工場を競り落とし、改革を進めたのである。その経過を振り返りながらオウエンはニュー・ラナークの成功実態を詳細に述べているが、とくに次のことを指摘しておきたい(2)。

1　工場は26年以上存続し、年間5％以上の利潤、5万ポンド以上をあげてきた。しかも、2000人に及ぶ完全失業中の従業員を4カ月以上にわたり7000ポンドかけて雇用した。

2　利潤を使って改善したため工場の生産緒力は5倍に増加し、年間6万ポンドに近い原価の削減となった。

3　施設の一部をなす村の増築が行われ1100～1200人の住民が村の人口に加えられた。

ここで示された内容は一見して明らかなように、工場経営と地域経済についての具体的な成果で、理論だけでなくこうした具体的な結果を示しながら運動を進めたところに大きな特徴があった。これは現代の協同組合でも地域経済の発展に具体的成果を上げて貢献することが重要なことを示しているといえる。

その上でオウエンは、「この成功は、国内のどの商業ないし製造業の企業にも劣らず確実なこと」であり、「村と工場は、現在では個人が創設した生産工場というよりも、国民的慈善施設という様相を見せている」とし、「地域にとっても非常に興味のある国民的施設」で、「国の富と資源とを本質的に増していく施設」となっていることも間違いないと強調していた。これはニュー・ラナークの成功は単に地域的特殊的なものではなく、将来的な制度として一般化、普遍化が可能だとしたものである。当時、資本主義経済の諸矛盾が顕在化し社会的不安が増大していたため、オウエンがニュー・ラナークの経験から、資本主義に代わる新しい制度として地域共同体を提案したことには大きな意味があったといえる。

オウエンは協同組合問題だけでなく工場法制定、失業問題、労働交換所をはじめ多くの社会改良問題に取り組み支持を得たが、その要因にはニュー・ラナーク「統治」の経験を基礎に、思想と理論だけでなく実践に裏打ちされた実際運動者としての強みもあったことを強調しておきたい。

### (2) アメリカでのニュー・ハーモニー建設

オウエンは1825年、ニュー・ラナークをチャールス・ヘンリー・ウオーカー(Charles and Henry Walker) に売り、アメリカ・インディアナ州のウオバッシュ河の流域のセッツルメントを買い取った。そこではフレドリック・ラップがリーダーのキリスト教徒による財産の完全共有制に基づいた共同社会が営まれていたが、オウエンはこの施設を買いとり、ニュー・ハーモニーと名付け、新大陸で理想の共同体建設を目指したのである(3)。

オウエンは1825年4月に行われた開村式で、イギリスからきたのは無知な個人主義制度から明るい社会制度へ、すなわち共産主義制度へ変革するためであること、3年後に平等の共産主義社会を実現する意図をもっており、現在採用する制度はまったく暫定的であること、そのために各人は全力を傾けてほしいと強調していたのである(4)。

オウエン自身は寛大な気持ちからニュー・ハーモニーへの入村者を無差別で受け入れたが、これにつけ込んで働かずに安易な生活を送ろうとする者やなかにはアメリカで食いつめたならず者や詐欺漢も混じっていた。このためとくにオウエンが帰英しているときに村の秩序が乱れ、村人の不平不満が増大した。そこで1826年、オウエンは帰村し、当初の3年計画を1年短縮し開村当時の憲法を改め、共産主義原理を盛り込んだ新たな憲法を制定したが、そのはじめに次の原則が明記されていた。

「1　性別や境遇のいかんにかかわりなく、すべての成人の権利の平等
2　財産の共有
3　言論と行動の自由
4　相互の交際における親切
5　健康の保持
6　知識の獲得
7　わが国の法律の遵守」

このほか全村一家主義や衣・食・住と教育の同権なども規定され、すべての仕事は平等であり、各人は必要とする物を受け取れることになっていた。当然、この方針が実施に移されると村人の間には勤勉に働いた者も怠け者も同じ報酬を受けるのはおかしいといったような不満が生じ、不調和音が高まり、

トラブルも発生した。このためオウエンの計画はスムースにすすまなくなり、結局、ニュー・ハーモニーでの共産主義建設は失敗したのである。

ただ、オウエン自身は1827年、ニュー・ハーモニー共同体の失敗を認め、ほとんど無一文になってイギリスに帰国したが、4人の息子達や妹はとどまりそれぞれ重要な業績を残した。それは子供・幼児の学校、商業学校、自由な公共教育システム、図書館、市民演劇クラブ、婦人組織など広い分野におよび、いずれもアメリカ〝第一番〟の記録になっているのである(5)。

### (3) オウエンの地域共同体に対する批判と課題

オウエンの共同体が失敗した原因について越村信三郎氏は、「オウエンは理想に走りすぎて、社会主義の過度段階の分配法則を無視し、その最高の、つまり共産主義段階の分配法則を適用したため混乱が起こった」ことにあったとされている(6)。また、本位田祥男氏は「オウエンが協同を主張したのは単なる手段としてではなかった。協同が幸福な生活の内容であるとした」とし、その意味でニュー・ラナークの工場管理は「協同主義の勝利である」と評価されている。そのうえでニュー・ハーモニーは「村民皆労の共産村」なので、「営利主義社会のまっただなかに協同村が設立されてみてもその生産と消費の不調和で行き詰まった」のだとされている(7)。

こうした意見とはまったく異なり資本主義の歴史的な発展段階からみた意見もある。エンゲルスはサン・シモン、フーリエ、エオウエンについて「まず一定の階級を開放しようとしないで、直ちに全人類を解放しようとした」空想的社会主義者であったと批判したことは周知の通りである。また、W・Z・フォスターはニュー・ハーモニー建設を目指したオウエンと同じように、当時、ヨーロッパの空想家たちは安い土地価格と民主的で自由なアメリカへの関心が高く、「フーリエの信奉者達も1840年代に約40カ所の協同主義植民地をつくったが、こうした小さな理想主義的冒険事業は、資本主義という大海の一滴に過ぎず、たちまちこの大海にのみこまれてしまった」と批判していた。そのうえで、「第1インタナショナルが歴史の舞台に登場したときは、空想主義的運動はすでに過去のものとなっていた」と述べている(8)。

ただ、家族も含めたオウエンのアメリカでのニュー・ハーモニーの実験は、協同組合運動の歴史に貴重な足跡を残したことは事実である。19世紀中頃とは異なり、資本主義の諸矛盾が世界的に露呈し、協同組合についても社会改革への取り組みが重要な課題になっている現在、オウエンの成功と失敗の歴史について改めて検討し、協同組合が期待されている機能と役割が果たせるような理論と実践的な民主的改革の再構築が求められているといえよう。

(注)

(1)オウエン「ラナーク州への報告」『梅根悟・勝田守一監修「社会変革と教育」』(1968年4月　明治図

書出版株式会社）１３３ページ以降。
（2）オウエン「製造し労働する貧民救済協会調査委員会への報告」『都築忠七編資料イギリス初期社会主義――オウエンチヤーテイズム』（１９７５年11月　平凡社）。47～48ページ。
（3）「「THE Story of Robert Owen」（New Lanark Conservation）23ページ。
（4）越村信三郎稿「ロバアト・オウエンの夢と現実」『ロバアト・オウエン論集』（１９７１年５月　家の光協会）１０８ページ。なおとくに断らない限りニュー・ハーモニーの説明は同稿による。
（5）（３）に同じ。
（6）（４）に同じ。
（7）本位田祥男稿「ロバアト・オウエンと協同組合」『ロバアト・オウエン論集』（１９７１年５月　家の光協会）29～32ページ。
（8）W・Z・フォスター著「三つのインタナショナルの歴史」（１９６７年12月　大月書店）13ページ。

## 3　オウエン思想の具体的な内容と課題

### （1）労働を基準とした「自然的価値尺度」の提起

オウエンは産業革命により生産力は著しく増大したにもかかわらず、一方で労働者の失業増大や貧困が深刻化している実態を直視した。そして生産力が増大すればそれに比例して社会の富と国民の幸福も増大するのが当たり前なのに、人口の大半を占めている労働者が以前得ていた生活品すら手に入れることができないことを指摘した。そこでの特徴は、その根本的要因を資本主義的生産ではなく交換制度の欠陥と分配の不公平に求め、それを改善するため「価値尺度の変更」を提示したことにあった(1)。

オウエンは現行の金銀を価値尺度とした制度により商品固有の価値は「人為的価値尺度」に変えられているため、粗悪品などははじめからだますつもりでの生産が行われ、人間を個人本位の利己主義に堕落させているとした。そこでこれを改善するには価値尺度を「自然的価値尺度」とすること、具体的には「はたらかせた人間の肉体と精神との緒力の複合」としての人間労働とすべきであるとしたのである。その理由は、人間労働はすべての富の本質を形成し、あらゆる生産物のなかに含まれているので、商品の交換価値として利用することが可能だからであった。そしてその上で、「残忍な人為的価値制度の奴隷」状態から「自然的価値尺度」への商品交換制度への変更により貧乏と無知が追放され、社会と労働者階級は実際的な利益が得られるとしたのである。

この「自然的価値基準」を具体化した一つが労働交換所制度で、これは一種の現地通貨による市場制度であった。生産者はこの労働交換所に生産物を持ち込み、それに含まれている労働時間を一定の基準で価値評価され、それに応じた労働紙幣を受け取るシステムであった。この労働紙幣は他の商品購入などにも利用できるので、このシステムは明らかに労働時間という「自然的価値尺度」による商品交換制度であったといえる。

ただ、この制度が円滑に機能するためには、労働交換所に持ち込まれた多様な商品に含まれている多様・多種な労働を、一定の労働時間価値基準で評価するための公正・公平な算定基準の設定が不可欠である。その基準が正しくないと商品交換が成り立たなくなるからである。

周知のようにマルクスは、「社会的に必要とする労働時間」という概念でこれを理論化し労働価値説を確立したが、オウエンはこの多様・多種な労働を直接処理しようとしたのである。彼は労働価値算定基準を具体的に設定し商品交換に当たったが、一つの生産物でも生産時間が人によりさまざまである。それは労働の質とも直結した問題で、単一の基準で評価するには多くの困難が伴うが、それが多様・多種に亘ると基準設定は困難を極め、しかも生産物によっては労働時間の算定自体が不可能なものもあった。当然、参加住民と地域および生産物が多様化すればするほどこの困難は増大し、矛盾を深めることになったのはいうまでもない。

実際、労働交換所に多数の住民から予想以上に多くの商品が持ち込まれたこと、また、失業者の雇用やその生産物の取り扱いなども行われたため商品自体の評価や商品間の不公平が拡大し、その結果利用者の不満が増大したため、結局、労働交換所は閉鎖に追い込まれたのである。

### (2) オウエン思想と社会改革

前述したように、マルクスは生産物が使用価値または価値をもつのはそこに抽象的人間労働が対象化または物質化されているからで、価値の大きさは生産物に含まれている労働の分量によって決定されるとした。その上で、怠惰や不熟練で労働の分量が多くなり価値が多くみえるような矛盾を取り除くため、社会的には同一な平均的人間労働力という概念を示し、価値の大きさは社会的に必要な労働の分量、つまり平均的な人間の社会的に必要な労働時間によって決定されるとしたのである。

オウエンが示した「自然的価値基準」も、労働の分量を生産物の価値基準としたことではマルクスと同じだが、オウエンには「(平均的な人間の) 社会的に必要な労働時間」という概念がなかった。その理由はオウエンが目指したのは、「物々交換と商業の中にあった最良の部分をとりまとめて実行に移す」(2)ことにあり、労働分量を基準とした「自然的価値基準」もそのためであったからである。それはオウエンが究極的に目指した「普通の生活必需品、便宜品、慰安品の供給を全部自力生産」(3)するという、協同組合による地域共同体に対応した考えでもあったからである。つまりオウエンの「自然的価値基準」は生産物の最良部分（人間労働）を交換基準とし人間労働を重視したことでは注目に値するが、地域的には範囲が限られ、生産者相互の日常的接触も密な自給自足的共同体ではじめて可能な理論であったといえる。そしてオウエンの社会改革思想もこの地域的に範囲が限られた「自然的価値基準」の主張に集約されていたともいえるのである。

すでに述べたように、オウエンが「自然的価値基準」に基づいた地域共同体建設を目指したのは、機械の発明も生産力の発展も特定の人間の利益になるだけで、多数の労働者が失業し、貧困、無知なのは資本主義制度に欠陥があるので、これを全社会の人々の肉体と精神の能力が無限に発揮できるような制度に改善するためであった。そしてこの協同組合による地域共同体は、「普通の社会ではさけられない多数の害悪や誤謬を防止する原理に基づいて統制されているから裁判所、刑務所、刑罰はいらなくなり」、「国の政治力と威力および資源を素晴らしく増大させることができる」(4)としたのである。

ここで示されているオウエン思想の特徴は、資本主義社会にみられる過重労働、貧困、不公平・不平等、無知、分裂、不平不満の一切を資本主義の思想と生産構造ではなく「現場」の「環境」に求め、「環境によって支配される状況」から「環境を支配できる状況」をつくるため地域共同体の建設を目指したことにあった。そのため「国民の善意と同意」を重視し、「人間の善意」が発揮されるような環境整備と教育を重視したのがオウエンであった。オウエンは新しい社会ができれば「旧社会の生み出した習慣、性質、思想およびそれに伴う感情……は自然死をとげる」(5)とも述べているが、これは革命による社会全体の根本的な転換ではなく、資本主義の自然的自動的な変化による改革を求めたものということができる。

周知のようにマルクスも現制度の改革を求めたが、それはオウエンのように「人間の善意」による資本主義の「自然死」とはまったく異なっていた。マルクスは資本主義の基本的経済法則は資本家が労働者を搾取して剰余価値を手に入れる生産構造にあるので、労働者の過重労働と貧困を根本的に改善するためには階級闘争により資本主義体制の根本的な変革が不可欠としたが、オウエンの思想はこれとは異なっていた。このためマルクスはオウエンを超階級的で空想的社会主義者と批判したが、エンゲルスも同様であったのは周知の通りである。

以上の検討では、これまで社会改革ではオウエンのいう「人間の善意」による「自然死」か、マルクス・エンゲルスがいう「階級闘争」による「革命」かが、重要な論点としてきた。しかし情勢が変化し、世界の先進資本主義国でも社会主義革命ではなく資本主義制度の民主主義的改革が問題となっている現在、自覚した少数者ではなく多数者によりこの改革を如何に進めるかが課題であり、協同組合の社会改革への対応もこうした観点からの検討が必要と思われる。

（注）
（１）オウエン「ラナーク州への報告」『梅根悟・勝田守一監修「社会変革と教育」』（１９６８年４月　明治図書出版株式会社）。１１２ページ。
（２）（１）に同じ。１３１ページ。
（３）（１）に同じ。１５９ページ。
（４）（１）に同じ。１７０～１７１ページ。
（５）（１）に同じ。１４６～１４７ページ。

## 4　オウエン思想とロッチデール組合

### (1)　ロッチデール組合成功の要因

産業革命によって新たに発生した労働者の貧困や長時間労働などを改善するため、労働者組織をはじめ各種の社会運動組織がそれぞれの運動を展開したが、協同組合もその一翼を形成した側面があった。こうした情勢のもとで生まれた協同組合は一つの流れを形成していくが、その契機となったのが多くの協同組合の中で傑出した成功者となった1844年に設立されたロッチデール公正先駆者組合（以下「ロッチデール組合」）である。

ではロッチデールが成功した要因は何か。まず指摘したいのは先駆者たちの政治的思想的信念である。周知のようにロッチデールの先駆者は28名ともいわれているが、その職業をみると織物工9、捕糸工1、羊毛選別工2、印刷工1、機械工1、帽子製造工1、指物工1、製靴工2、裁縫工1、倉庫係1、行商人1、無職7となっており、思想的には社会主義者9、チャーチスト7であった(1)。そしてロッチデールの起源はまさに「織物工たちの賃上げ運動の失敗にまでさかのぼる」(2)といわれるように、その多くは労働者でしかも政治思想もしっかりした人々であった。

当時のロッチデール地域は綿工業主体の工業地帯で手工業が動力工業に代わったため長時間労働、低賃金による労働者の生活困窮が強化され失業者が増大していた。そのためストライキやロックアウトが頻発したが、一方では協同組合販売店の開設や閉鎖も相次いでみられた。

こうした状況のなかで、主要産業の一つであったフランネル工場での賃金引き上げ交渉が決裂し、ストライキが決行された。この闘争は結局敗北に終わったが、その参加者達により創設されたのがロッチデール組合である。

このストライキを指導した労働者の代表者たちは雇用主から最も嫌われ、失業に追い込まれたため、自らの生活維持のために資本主義の途とは異なる協同組合を選択し、ロッチデール組合を創設したのである。彼らがここで協同組合を選択したのにはもちろんオウエン思想が大きな影響を及ぼしていたが、当時の社会主義思想やチャーチズムの影響による社会改革思想も影響があったといえる。

ICA常務理事であったW・P・ワトキンズは協同組合理念の普及において重要な役割を果たした一般的な要因として、「協同組合人のあいだにあった伝導者的精神」とともに「1848年の革命の勃発」（フランスの2月革命）を指摘している(3)。その理由は革命の反動で指導者達は祖国を追われ亡命生活を強いられたが、その多くはイギリスで歓迎された。そして資本家階級が自由主義の原則を主張するなら労働者も経済的、社会的な救済を求めて結社する自由を支持する傾向を強めたが、これが「効果的な救済措置」として協同組合の生成・発展につながったと述べている。

こうした創設者の政治的思想的信念とともにロッチデール組合が成功したいま一つの要因として重視したいのは、創設者たちの資質である。この問題についてホリヨークは次のように述べている(4)。

「ロッチデールの影響を受けて、周辺に数多くの組合が次々と生まれたが、ロッチデールと同様の能力によって運営されたものは一つとしてなく、その成果は比較にならぬほど微少なものであった。これは、原則の誤りによるのではなく、これを運用する人びとの能力、感覚、団結力、忍耐力および企業精神の不足に基づくものであった」。創設者たちのこうした資質の結果、ロッチデール組合は組合員がうまく行き過ぎたというほどの例が無数にあり、「処置に困るほどの金が集まり、有利な運用方法を知らなかったため、貯蓄は、組合員に返され、組合員はまた再びこれを貯蓄することを繰り返した」というほどであった。

先駆者たちは収入額に対し人件費比率をきわめて低くして経費の節約に努めたり、また、組合員を足しげく訪問したり、たびたび組合員集会を開くなど組合員との意志疎通も大切にしていたのである(5)。これは先駆者たちが自分の理念を日常的業務のなかで具体化するため最大の努力をし、政治的思想的な「信念」と「実践」の統一を目指して奮闘したことを示している。先駆者たちのこの思想は現代こそ重視すべき思想である。

## (2)ロッチデール組合と地域共同体問題

ロッチデール組合の先駆者たちは自分たちの理念を実現するため最初に目的と計画を取り決めたが、その前半部分では、「食料品、衣類などを売る店舗の設置」、「多数の住宅の建設と購入」、「組合員に職を与える」、「土地の購入・借入と組合員による耕作」など、日常生活に直結した事業が掲げられていたが(6)、この内容はその後とくに消費協同組合事業の基礎ともなった。

この目的と計画で注目すべきは、この項目のあとにはこれとは異なる「かついかなる国民も企てたことがなく、いかなる熱狂者も実行したことのない計画」もあったことである。それは次のような内容であった。

「実現が可能になりしだい、本組合は生産、分配、教育および政治の力を備える。換言すれば、共通の利益に基づく自給自足の国内植民地を建設し、または、同様の植民地を創らんとする他の諸組合を援助する」

これは組合運営だけでなく政治的な力を蓄え、労働者に貧困をもたらしている資本主義制度に代えて自給自足の新たな協同社会の建設を目指すことを示している。これは社会主義思想やチャーチズムも取り入れた形でのオウエンの共同体思想を強く反映したものであった。

しかしその後の経過をみると、発足時に掲げた前半部分の日常的な体験に基づいた運営原則がロッチデール原則として重視され、ICAにより協同組合原則として定式化されたが、後半部分の「自給自足の国内植民地の建設」は文言としても、また思想的にもみられなくなった。その理由はどこにあったのか。協同組合と社会改革を考えるうえでは重要な問題である。

これに直接関連しはいないが、伊東勇夫氏はロッチデール組合が消費組合となったのはチャーチストたちが普通選挙権や政治的に外に向かった問題の打破を主張したのに対し、ホーワースやクーパーが消費組合を主張したためであったと述べている(7)。この両者はオウエン主義者であったといわれているが、「国内植民地の建設」よりも組合員の日常的、小市民的欲求を満たしたことが優先されたことを意味する。また武内哲夫氏はロッチデール店舗の市価販売主義はオウエン店舗とは理念的に異なっていることや生産組合でも資本金に対する配分のみを認め、労働に対する配分は認めていなかったことなどを指摘し、「小市民的傾斜が組合に現れていた」と述べている。そしてその理由として「急速な展開をみせる19世紀中葉以降のイギリス資本主義のもとで、工場制の確立によって資本の実質的な包摂下におかれた直接生産者の関心は、不断の賃上げによる生活水準の向上」しかなく、それに対応するには協同組合も「店舗協同組合」にならざるをえなかったとしている(8)。

1848年から1954年までの世界の社会主義と共産主義の運動を分析したW・Z・フォスターは、オウエンやフーリエなどが空想した協同組合的な理想社会、小さな理想主義的冒険事業は「資本主義という大海の一滴にすぎず、たちまちことごとくこの大海にのみこまれてしまった。第1インタナショナルが登場したときは、空想主義的運動はすでに過去のものになっていた」と述べていたことは前述した(9)。また、マルクスは、「零細な形態に限られた改革で社会の全般的条件の変化」を課題としなかったとしてオウエンを含めた空想的社会主義者を批判したが、ロッチデールが決定した運営原則はその後ＩＣＡにより世界の協同組合原則として定式化され、協同組合の発展に大きな貢献をした。ただそのロッチデール組合は社会改革の視点から見ればオウエンより小市民的特徴を強めたともいえるのである。

しかし、とくに20世紀後半に入り資本主義の諸矛盾が世界的に顕在化し、そのオルタナティブとして協同組合に対する期待が強まっていることは、協同組合（人）にとっては重要な社会的責務があるということもできる。

(注)

(1)伊東勇夫著「現代協同組合論」（1960年11月　御茶ノ水書房）20ページ。
(2)ジョージ・ヤコブ・ホリヨーク著　協同組合経営研究所訳「ロッチデールの先駆者たち」（1968年10月　協同組合経営研究所）22ページ。
(3)W・P・ワトキンズ著二神史郎訳「国際協同組合運動史（1969年9月　家の光協会)。19～20ページ。
(4)(2)に同じ。156～157ページ。
(5)同右。
(6)(2)に同じ。46～47ページ。
(7)(1)に同じ。19ページ。
(8)武内哲夫稿「協同組合思想の展開と協同組合原則」『現代農業協同組合論農協運動の理論的基礎』（1974年3月　家の光協会）41～42ページ
(9)W・Z・フォスター著「三つのインタナショナルの歴史」（1967年12月　大月書店）13ページ。

# 第2章　サン・シモンと産業者社会

## 1　最高の地位の産業者

### (1)　産業者の特徴

#### ①重要な生産労働

サン・シモンは１７６０年10月17日、パリで生まれた。１７７８年にアメリカの独立戦争に参加したあと大革命後のフランスにもどり、１８２５年5月19日、パリで没した。彼が生きたこの65年間はフランス社会をはじめ西ヨーロッパは産業革命の大きな胎動期にあり、旧社会から脱しつつある時代であった。

この生きた時代を反映し、サン・シモンの最も注目すべき重要な特徴は「産業者」に着目したことである。彼は主著「産業者の教理問答」の最初に「産業者とは何か」を問い、次のように述べている(1)。

「産業者とは、社会のさまざまな成員たちの物質的欲求を満たせる一つないしいくつかの物的手段を生産したり、それらを彼らの手にいれるために働いている人たちである。したがって、麦を播き、家禽や家畜を飼う農耕者は産業者である。車大工、蹄鉄工、錠前工、指物師は産業者である。短靴、帽子、リンネル、ラシャ、カシミアの製造者も産業者である。商人、荷車曳き、商船に雇われている水夫は産業者である」。

この指摘の注目すべき特徴は、「物的手段を生産」し、「それを手に入れるために働いている」人たちを「産業者」としたことである。サン・シモンでは「物的手段」とは人間が生きていくうえで必要な物資を意味し、その生産と流通に携わっている者を産業者としたことは、社会生活の基礎を支えているのが産業者ということになる。つまりこの産業者とは自力で、みずからの働きによって生活していると同時に、「社会の全成員の物資的な欲求や嗜好を満足させる一切の物的手段を生産するために、またそれらを社会の全成員の手に入れさせるために、働いている」階級である、というのがサン・シモンの認識であった。したがってこの階級はほかのすべての階級がなくてもすませるが、ほかの階級はこの階級なしではやっていけないので、サン・シモンは「産業者階級は最高の地位を占めるべきである」(2)としたのである。

サン・シモンはこの産業者は農業者、製造業者、商人の三つに大分類されるとしていたが、これは生産における労働に着目し、この有用な生産活動の結合を社会生活の基礎とし、当時の支配層であった貴族、ブルジョアジー、軍人、法律家などと区別して産業者を独自に位置づけたものであった。

サン・シモンがこのように産業者を重視した背景には、産業革命の進展による新たな産業の発展があった。そうした状況を反映し、サン・シモンはすべての社会は産業に基礎を置いており、産業は社会存立の唯一の保証でありあらゆる富とあらゆる繁栄の源泉なので、「産業にとって最も好都合な事態は、ただそれだけで、社会にとって最も好都合な事態である。これこそ、われわれの一切の努力の出発点であると同時に目的でもある」(3) と強調したのである。と同時に「産業は、互いに持ちつ持たれつの、いわば連帯している単一の大きな身体のごときものにほかならない」(4) としていたが、後に見るように産業者社会における産業者、科学者などの一体的な協力を重視したのもこうした認識に基づいていたといえる。

このように産業者を重視したサン・シモンのいま一つの特徴は、本来は最高の地位を占めるべき産業者階級が「すべての階級のうちで最下位におかれている」ことを指摘したことであった。サン・シモンは産業者階級は「国民の25分の24の圧倒的多数を占めているので」(5)、本来は「最高の地位を占めるべきであるが……すべての階級のうちで最下位におかれている」(6) ことを鋭く批判したのである。

サン・シモンがフランスに帰国した1783年は、絶対王政の最盛期ともいわれたルイ14世時代が終わって啓蒙思想が広がり、国王を頂点とした政治・経済体制であるアンシャン・レジームに対し成長した市民階層の不満が強く存在するようになっていた。サン・シモンはそうした変化に応じ旧社会のエリートである特権層でなく、新しく成長しつつあった農民、都市の手工業者、小売商人など経済的にも社会的にも下層に属する「民衆」に着目したのであった。そしてサン・シモンがこのように「産業者」

を小規模自営業者を含めて広く規定した背景には、イギリスに比べて産業の発展が遅れ都市化もおそかったフランスでは、農村人口の都市への移動はまだ弱く、都市工業も伝統的な熟練労働者によって担われていたことがあったといえる。

当時経済的、社会的にも支配を強めつつあったブルジョアジーではなく、最下層のこうした多様な社会層に着目したサン・シモンの主張はフランス革命を封建貴族対ブルジョアジーの闘いとする単純なブルジョア革命説とも異なる意見であったということもできる。したがって、サン・シモンを空想的社会主義者の一人として批判していたエンゲルスも、「フランス革命を階級闘争として、……貴族と市民階級と無産者のあいだの階級闘争として理解したことは1802年としてはきわめて天才的な発見であった」(7)と評価したのである。

### ②多様な職種の産業者

前述したように、サン・シモンは生産労働に着目し産業者を特徴づけたが、そこには注目すべき内容がみられる。それはサン・シモンのいう産業者とは企業で働く労働者、いわゆるプロレタリアだけを意味したのではなく科学者も産業者に加えていたことである。

サン・シモンは「産業者の教理問答」で産業者は農業者、製造業者、商人の三つに大分類しているが、1816年に示された「『産業』の趣意書（一）」の呼びかけの対象には農耕者、製造業者、商人のほかに銀行家も含まれていた(8)。また1817年の『産業』第二巻」では「生産する勤労者」と「生産のために警備する勤労者」の2種類に加え、第3の部類として「社会の一般的利益について考究することを職とする人々」の存在を強調していた(9)。その理由は一般利益を管理するのは政府なので、こうした政府とかかわりを持っている人々を組織することにより、権力によって与えられる恩恵と保護とは異なった観点による国民的な保護と優遇を求めたのであった。

さらに、「産業体制論第1部」（1820～21年）の「革命を終わらせるためにとるべき諸方策についての考察」の第一信では、「下院の構成員である農耕者、商人、製造業者および他の産業者」に呼びかけ、法律家と形而上学者が公事を指揮して下院の完全な主人公となっているので、「純朴な良識で判断できないことをきっぱりと拒否し」、「今日まで甘んじてきた下っ端の政治的地位を捨て去り実態に相応しい高みにまで自分たちを高めよ」(10)と訴えている。また、第二信では「最も大きな、最も実証的で有益な知性の作業は、農耕者、商人、工業家、製造業者によって、また物理学者、化学者、生理学者によって行われている」とし、とくにこれらの科学者は産業者と一体をなしているので、「彼らもまた産業者である」と述べている(11)。

エンゲルスがサン・シモンについてフランス革命を階級闘争として把握していたことは天才的な発見として評価しながらも、「プロレタリア的傾向と並んでブルジョア的傾向がまだある程度の力をもっていた」(12)と述べているのも、こうした理由からであった。

この産業者の認識がサン・シモンの提起した諸方策の根底にも見られるのは当然なことである。サン・シモンが産業者をこのように広く認識した理由は、ヨーロッパ社会が発展するためには、軍事的優位の教皇制と封建制の旧体制を新しい産業体制に変えることが必要であるという認識があり、この変革には旧体制で支配されていた農耕者、商人だけでなく自ら生産に携わる製造業者およびそれに資金援助する銀行家も産業者としてその役割を果たすことが必要な実態もみられた。サン・シモンは産業社会における科学の重要性を認識して実証主義を強調し、科学者も産業者なので両者の協力を重視したのもそうした実態を反映した結果でもあった。

## (2) 産業者の歴史的役割

サン・シモンは「産業者は社会の第1階級になるであろう。最も重要な産業者が公共財産の指導を無報酬で引き受けるであろう」と述べ、その理由として次のことを強調した(13)。

①他階級は絶えずそれを失ってきたのに対し、産業者階級は不断に重要性を獲得してきたので、あらゆる階級のうちで最高の階級となるはずである

②人間は自分たちの環境改善に努めているので、最も有益な仕事に携わっている階級が最も重んじられるような社会秩序が確立されるはずである

③労働はあらゆる美徳の源泉である。最も有益な労働は、最も尊敬されねばならず、神の道の徳も人

間の道徳も産業者階級が社会の最高の役割を演ずることを要求している

④将来軍事的行動より管理的行動が重要になるので、将来社会は最大の管理能力を持っている産業者階級にそれを任すことになる

ここで述べていることについてサン・シモンは、フランスにおける1400年にわたる歴史の経験からいえることであるとした。フランス革命はイギリス革命より1世紀以上も後に始まったので、「フランス革命では貴族制を廃絶し、法律家、軍人、不労所得者、役人を産業者の命令に従わせることになるであろう」(14)とした。これはこの階級に国家諸業務を課したイギリス革命とは異なり、フランス革命は産業者階級にずっと有利になることを意味するとして強調したのである。

デュルケムはサン・シモンの全学説は、「ヨーロッパ諸国民の現状が要求する社会体制はいかなるものか」の問いに答えることにあったとした。そのうえで歴史的には軍事力と信仰の非合理的威光および産業的能力の人々の自発性容認の二つがあり、前者は戦争と略奪のために組織され、後者は平和的産業のために組織されているが、この対立の折衷的解決は不安定なので、サン・シモンの特徴は前者を一つ残らず排除し、後者だけを認めたところにあったと述べていた。つまりサン・シモンは「今なお惰性力を保ち社会的活力の一部を吸収している寄生的諸機関をきれいさっぱりと取り除かなければならない」としたのである(15)。

サン・シモンが「イギリス政府は決して産業的な政府ではない。修正が施された封建的政府である」、

「政治状態は病気の状態、危機の状態である」とし、「過度的な体制にある」(16)とも述べていることは、デュルケムが指摘したサン・シモンのある意味では妥協を許さない思想を示しているといえる。

(注)
(1)サン・シモン著森博訳「産業者の教理問答」(2001年6月　岩波書店)10ページ。
(2)同右。11ページ。
(3)森博編訳「サン・シモン著作集第2巻」(1987年5月　恒星社厚生閣)312ページ
(4)同右。322ページ。なお、賀川豊彦も7種類の協同組合を掲げ、人体にたとえてそれぞれの機能と役割を説明していた(賀川豊彦「協同組合の理論と実際」)。
(5)(1)に同じ。18ページ。
(6)(2)に同じ。
(7)エンゲルス「空想から科学への社会主義の発展」『マルクスエンゲルス全集(19巻)大内兵衛　細川嘉六監修　大月書店』193ページ。以下『全集』と略記。
(8)(3)に同じ。310ページ。
(9)同右。320ページ。
(10)「サン・シモン著作集第4巻」(1988年1月恒星社厚生閣)41~43ページ。
(11)同右。48ページ。
(12)(7)に同じ。188ページ。

(13)（1）に同じ。45~46ページ。
(14)（1）に同じ。75ページ。
(15)デュルケム著　森博訳「社会主義およびサン・シモン」（1977年6月　恒星社厚生閣）166~167ページ。
(16)（1）に同じ。78~79ページ。

## 2　新社会としての産業者社会

### （1）多数者の関心に応えた社会

サン・シモンは資本主義の発展期における産業者に着目し、産業者階級は第1階級になるはずであると述べたことは前述したが、同時に公共財産の管理・指導も産業者にまかされるような産業者主導の旧社会に代る新社会を示した。これまでと重複しているところもあるが、サン・シモンがその理由として次のことを強調した(1)。

①農業、商業、製造業にかかわるフランス人は2500万人以上で国民の圧倒的多数を占めている
②フランスに存在する富を生産したのは農耕者、商人、製造業者であり、その富の大部分の所有者も彼らである
③最も有益な知的作業は農耕者、商人、工業家、製造業者と物理学者、化学者、生理学者によって行

われている

④農耕者、製造業者、商人、銀行家はそれぞれ結びついており、したがって自分たちの政治的利益のために団結し、協力し行動することは容易である

⑤産業者は最も管理能力があり、したがって予算案を策定する任務は産業者に与えられるべきである

この内容から明らかなように、①で産業者はフランス国民の圧倒的多数を占めていること、また②の製造業者では「技術者をふくめる」ことがそれぞれ明記されている。その理由はこうした多様な職種を結集した産業者階級が公共財産の指導を無償で引き受けて法律も作るので、社会の平安は完全に保たれ、公共の繁栄は進み、社会は人間の本性が望みうるあらゆる個人的ならびに集団的幸福を享受できるからであった(2)。もちろんサン・シモンは産業者は完全な平等の原則に立脚し、出生に基づくあらゆる権利と特権にも反対したが、それは産業の発展には人間の自由の拡大が不可欠とすることを強調するためでもあった。

サン・シモンがこうした産業者社会を提示したのは、産業者こそが社会で有用な生産物を生産している唯一の階級であり、何も生産しない反国民的な財産所有者などではなく、この産業者こそが社会の指揮を執るべきであるとする考えからであった。それは右記からも明らかなようにその理由はきわめて簡単で、産業者は社会の圧倒的多数を占めているが故に、管理運営も社会の圧倒的多数の政治的意向に沿っているからである。しかも彼らの能力は「社会のあらゆる成員のうちで、実際の管理において最大

の能力があることが立証されている」(3)ので、管理は安価で統制も少なく、公安も確保できるからであった。

いうまでもなくサン・シモンのこの産業者社会の主張は、社会の運営をこれまでの貴族、軍人、法律家、不労所得者の手から産業者階級の手に移すことであったが、それは同時に、社会の支配体制を軍事的管理体制から産業的管理体制への転換を意味したことは前述したことである。サン・シモンがこのように産業者社会の創設を強調した理由は、文明の進歩によりフランスでは軍事が優先していた時代から産業的社会を目指すようになり、産業者階級がすべての階級のうちで最高の階級となり、他のすべての階級は産業者階級にしたがうべきだという考えからであった(4)。

この産業者社会の特徴は産業者階級の党派問題でも説明されている。サン・シモンは自由主義者の党派は中間的諸階級の指導者で封建制を帯びており、諸悪弊の廃絶を唱えているがそれは表向きで、真の目的は自分たち自身の目的のため諸悪弊を利用することにあるという。これに対して産業者の党派は本質的に平和的で道徳的で、封建制に代る社会を建設するものであるとしているが(5)、そこに産業者社会の進歩性を示す意図があったといえる。

ただここで注目すべきことは、サン・シモンが出生に基づくあらゆる権利と特権に反対し人間の自由拡大を強調していたが、この自由拡大を通じた「真の平等」は「産業的平等」であるべきとして、「各人は、その社会的貢献、すなわちその実際的能力、そしてその手段の有益な使用に正確に比例した利益を社会から受け取ることにある」と述べていたことである。これはサン・シモンが「個々人の能力の間に当然生じるに違いない自然格差を認めていたことになり……能力の優劣による一種の階層性、あるいはミラミッド型社会構造」[6]を示していたことでもある。これはサン・シモンのいう産業者社会では「能力に応じて働き」「働きに応じて所得を得る」ことが基本であることを示したものとして、興味のあることである。

## (2) 産業的君主制の提起

サン・シモンは貴族、軍人、法律家、不労所得者の旧支配層に代わって、生産労働に携わる産業者主導の新しい産業者社会を示したことはたびたび述べたが、そこでの信じがたいような特徴は、産業者と国王との同盟を絶対的なものとして重視したことである。それはサン・シモンはこの新しい産業者社会はその細部をあらゆる種類の能力で最も優れた人々を結集して行うこととしているが、フランス王制は文明進歩が樹立を求める一切の社会組織に適合するものなので、その王制が第1階級である産業者が国家財産の管理役として承認することを求めていたのである。

それはこれまで産業者階級自身、自らを第1階級であると宣言してこなかったが、産業者が意見を表明するようになり、産業者が公共財産の管理を行うことは大多数の希望となっているので、国王も少数者はこれに従うべきであると宣言することへの強い期待によるものであった。このサン・シモン自らが提示した「産業的君主制」[7]とは、具体的には、①国王は最も重要な産業者たちで構成する財政最高委員会を創設する、②この委員会は毎年召集され予算案を作成すると同時に大臣の予算執行を監査する、というものであった。産業者たちが予算作成の任に当たることは、産業者階級が主導権を発揮して統治者と被治者の要求を一致させることを意味するので[8]、サン・シモンは王権の宣言を梃に、産業者階級の主導性発揮とその実効性を求めたともいえるのである。

サン・シモンが「産業的君主制」を提起した背景には、イギリスと比較したフランスの歴史的特徴があった。サン・シモンは「世界の国民の目的は一つで支配的・封建的・軍事的体制から管理的・産業的・平和的体制に移ることである」と述べ、「この目的に最も近づいているのはフランス国民とイギリス国民」である。だがイギリスでは王権に対抗して産業者と貴族が同盟したが、これに対してフランス国王は産業主義者と同盟して貴族に対抗したとして[9]、フランスの特徴を強調した。サン・シモンが産業者はブルボン家が自分たちの主人であった領主に対抗して保護してくれたことに感謝すべきであると述べたのも[10]、こうした歴史的認識からであった。

この「産業的君主制」を重視した特徴は政府の位置づけでも明らかである。サン・シモンは人間は生来的には怠惰であり、社会には他人の労働を食い物にして寄生的に生きている人間がいるので、こうした無為の有閑人が暴力で産業を脅かすようなことがあればそれを阻止するのが政府の役割であるとしていた。ただその一方では政府の役割がこの範囲を超えるときは、「専制的で侵略的となり、産業に対して暴虐的で敵対的になる」とも述べ[11]、政府の役割にも一定の限度があることを主張していた。

また科学者と産業者の協力も極めて重視し、科学者と産業者は同じ企業に参加しているものとみなしあうべきとし、「この科学と産業は直接取引から同時に利益を得る」と述べていたが、同時に政府による「仲介手数料の排除」を主張し[12]、両集団の直接取引による「政府の一切の影響力からの解放」が産業体制を確立することになるとも述べていた[13]。このことはサン・シモンの「産業的君主制」と国の在り方を考えるうえで興味あることである。

エンゲルスがサン・シモンについて、「フランス革命を階級闘争として理解していたことは天才的な発見であった」と評価したことは前述したが、続いて「『国家の廃止』を言明していることは卓見である」とも述べていた[14]。こうした意見をみるまでもなく、前述した政府の役割の重視とその「開放」という在り方に関する意見は、エンゲルの指摘とも関連しサン・シモンの意見の注目すべき特徴を示していたといえる。

この政府の役割と同時に、サン・シモンの「産業的君主制」による産業者社会に見られるいま一つの特徴は、これを社会の歴史的発展の中に位置づけながらも宗教的道徳を重視したことである。彼は「キリスト教は現存の最良の道徳規範である」と述べているが[15]、著作「新キリスト教」では宗教者の現状を鋭く批判し、新しいキリスト教を説いている。

そこでは最も権勢のある聖職者は異端性がもっともはなはだしいと批判し、キリスト教が普遍的で唯一の宗教となるためには、「神与の道徳の基本原理から引き出される教養」が不可欠であるとした。それは「精神的諸制度と同様に世俗的諸制度」から導き出された「すべての人間が兄弟として振る舞うべき」ことを原理としているかであった(16)。そして聖職者の任務として、「住民の圧倒的多数が今日まで過ごしてきた生活よりもずっと満足な精神的・物質的生活を享受でき、富める人たちは貧しい人々の幸福を増大させることにより自分たちの生活をも向上させることになる」(17)ように努めるよう求めたのであった。サン・シモンは豊かな収穫があった土地を耕作放棄していることについて教皇政府を批判し、聖職者は極貧の階級の精神的・物質的利益に反する統治をしているとして糾弾しているのも、同じ理由からである(18)。

こうしてサン・シモンは新しい産業者社会においては生産活動による「利益理念」と同時に、その基礎として「道徳理念」も重視し、その統一を強調したのである。これは産業者社会における「産業的精神」と「宗教的道徳心」の結合ということができ、産業とモラルのこの二つの「結合」は、産業者階級が主導的に国の財政の管理・運営を行う場合にも不可欠なことであるとの主張であった。この意見は資本主義精神におけるプロテスタンティズムの倫理を重視したマックス・ウエバーの意見より80年以上前のことであった。

サン・シモンは「公教育ならびに社会の他の精神的諸利益の指導する任務」を最も有能な科学者たちに与えるという約束を国王から取りつけることを産業者階級教育の重要な課題としたのもそのためで

あった。

サン・シモン自身哲学者に対し産業者がとるべき産業的政治的行動とともに、道徳の講座、実証科学の講座に取り組むことを強く求めていたが(19)、これは王制に依拠しながらも、哲学者など多様な有識者の協力を得て産業者社会の形成を目指したサン・シモンの特徴を示している一面でもあった。サン・シモンは「学者は理論の産業者であり、産業者は応用の学者である」と考えていたが、こうした思想に基づき産業者階級により生活を保障されている科学者を産業者に有益に用いるため道徳家、神学者、法律家、詩人、画家などによる道徳（感情）アカデミーと物理学者、数学者、経済学者などによる科学（推論）アカデミーによって構成される最高科学院も提示したのも興味あることである(20)。

もともとサン・シモンには将来生み出されつつあるものを実態の観察によって発見するという実証主義的特徴が指摘できたが(21)、それは学者たちが法則により立証したものを産業者が実行するという産業体制の提起であり、新しい社会では人間を支配するものはもはや人間ではなく原理である、という主張ともなったといえる(22)。

デュルケムはサン・シモンの産業体制について、社会生活は完全に産業的であるべきだから規制機関も産業者で構成されるべきであること、産業は科学なしではありえないから産業社会の最高会議も学者の会議により補佐される必要があること、科学と技術、理論と実践、精神的なものと世俗的なものは別なものであると同時に固く結びついているので、別箇の組織としながらも不断の交流が行われるようにする必要があったことを特徴として指摘している(23)。このデュルケムの意見にサン・シモンの産業社会の特徴が集約されているといえよう。

(注)
(1)森博編訳「サン・シモン著作集第4巻」(1987年5月　恒星社厚生閣)47～50ページ。
(2)サン・シモン著森博訳「産業者の教理問答」(2001年6月　岩波書店)44ページ。
(3)(2)に同じ。14ページ。
(4)(2)に同じ。43ページ。
(5)(2)に同じ。54ページ。
(6)吉田静一著「サン・シモン復活思想史の淵から」(1975年12月　未来社)251～252ページ。
(7)(2)に同じ。118ページ。
(8)(2)に同じ。152ページ。
(9)(2)に同じ。100～101ページ。
(10)(1)に同じ。54ページ。
(11)森博編訳「サン・シモン著作集第2巻」(1987年5月　恒星社厚生閣)318ページ。
(12)森博編訳「サン・シモン著作集第3巻」(1987年10月　恒星社厚生閣)24～25ページ。
(13)同右。59ページ。
(14)エンゲルス「空想から科学への社会主義の発展」『全集』(第19巻)193ページ。

(15)(2)に同じ。175ページ。
(16)「新キリスト教」。2)に同じ。246~247ページ。
(17)(16)に同じ。255ページ。
(18)(16)に同じ。259ページ。
(19)(2)に同じ。203~204ページ。
(20)(2)に同じ。216~219ページ。
(21)デュルケム著　森博訳「社会主義及びサン・シモン」(1977年6月　恒星社厚生閣)134ページ。
(22)同右。178~179ページ。
(23)(21)に同じ。172ページ。

## 3　産業者社会の実現方法

サン・シモンは神が人間に行動の規範として与えた原理は、「最大多数者に最も有益な社会を組織すること、最も多人数の階級の精神的および物質的生活を、できるだけ速やかに、できるだけ完全に改善することを目的とすること」にあるとした(1)。しかし一方では現在の聖職者はこの神が与えた道徳の根本原理とは全く正反対の行動をしており、あらゆる集団のうちで最も大きな誤りを犯している集団であると批判した(2)。そしてプロテスタントもカソリックも程度は異なるがいずれも異端であるとして新キリスト教を唱え、宗教の原理は「最も貧しい階級の境遇をできるだけ速やかに改善するという大目的をめざして社会を導いていく」ことにあると強調した(3)。

サン・シモンは産業者社会を貴族、官僚、軍人などの旧勢力による抑圧的支配から産業者階級による管理への移行であるとして、この産業者階級による社会を歴史からみた客観的な社会発展の結果とし提起していたことは既に述べたことである。それにもかかわらず「神が与えた道徳」を強調することからも明らかなように、サン・シモンが産業者社会の実現方法として示したのは暴力的・脅迫的手段ではなく、平和的手段であった。その理由は産業者は平和主義者であり、平和的手段だけが堅固な体制を築くことができるからであるとし、「平和的手段、つまり議論、論証、説得という方法こそ公共財産の管理を貴族、軍人、法律家、不労所得者、役人たちの手から離させ、産業者たちが用いる、あるいは支持する、唯一の方法である」からであった(4)。これは産業者は本来平和的で最大多数を占めているというだけでなく、力も抜群の優越性を持っていることを強調したもので、産業者階級に対する強い信頼と期待を示したもので、そこにサン・シモンの特徴があったといえる。

このようにサン・シモンは産業者に強い信頼と期待を持っていたが、それ故に産業者に対し厳しい意見も示したのであった。サン・シモンが「産業者は自分たちの人力、資力、政治的能力をはっきり自覚すること」、「産業者がなすべき第1のことは克服すべき政治的障害は外部にあるのではなく、自分たち全体の内部に存在する」と強調したのはその一例である(5)。そして産業の繁栄を心から望んでいる産業者は「漠然とそれを望むのではなく、断固として要求すべきである」と産業者に呼びかけたのである。そのうえで「一切の力を持っているのは産業者」(6)なので、働いている産業者が学者を養うのは当然で、学者を生産者の方に連れ戻すことも主張したのである(7)。

そしてこの変革の口火を切るのは産業者階級であるとしたのは当然としながらも、サン・シモンは「この変革に必要な法的形式を与えるのが国王であり……国王こそが簡単な勅令によってこの変革を実行」できるとし、産業者の役割は「自分たちの考えを述べた請願書を国王に提出」することであるとしたが(8)、これは既に述べた「産業的君主制」にも通ずる意見だったのはいうまでもない。彼はその請願書の主要内容を述べ「産業的君主制」を具体的に示しながら、この体制を実現するためこれまでは慎重で政治上も大胆でなかった産業者階級が、できるだけ速やかに産業党を結成し、自分たちの政治的要望を国王に直接表明することを求めたのである(9)。

いずれにしても、サン・シモンの重要な特徴は資本主義とともに発展し多数者となった産業者階級に着目してその能力を評価し、第1階級として新しい産業者社会を管理運営する主体と位置付け、産業者社会はこの圧倒的多数者である産業者により議会を通じて実現すべきことを主張したことであった。このことは現代にも通ずる多数者を結集した社会改革の手段を先験的に示したものとして注目すべきことといえる。

ただこうして産業者階級を社会変革の主体を位置づけしながらも、サン・シモンはその一方では目指すべき産業者社会は国王が支配する下での体制であるとしたことは前述した。これは同じく新しく発展しつつあった産業者のうちの労働者＝プロレタリアに着目し、階級闘争により未来社会を展望したマルクス、エンゲルスなどと全く異なっており、それが空想的社会主義者として批判された要因の一つであったのはいうまでもないことである。

(注)
(1)「新キリスト教」サン・シモン著、森博訳「産業者の教理問答」（2001年6月　岩波書店）244ページ。
(2)同右。246ページ。
(3)（1）に同じ。250〜251ページ。
(4)サン・シモン著森博訳「産業者の教理問答」（2001年6月　岩波書店）18ページ。
(5)森博編訳「サン・シモン著作集第4巻」（1988年1月　恒星社厚生閣）52〜53ページ。
(6)森博編訳「サン・シモン著作集第3巻」（1987年10月　恒星社厚生閣）23ページ
(7)同右。32ページ。
(8)（4）に同じ。107ページ。
(9)（4）に同じ。125ページ。

# 第3章　フーリエと新しい協同社会

## 1 産業主義と自由競争の批判

1772年、シャルル・フーリエはフランスのブザンソンで、裕福な商人の子として生まれた。彼はキリスト教で嘘をついてはいけないと教えられていたが、商業では嘘をつくことが日常化していたため、非妥協的な性格もあり、商業を厳しく批判した。9歳の時に父を失い、その後家業を継ぐためヨーロッパを移り歩くが、フランス第2の都市リヨンで住んでいた時に反乱に巻き込まれた。反革命軍により彼の財産や商品はすべて没収されたが、その後リヨンを占領した革命軍により捕らえられ投獄され、絞首刑の宣告まで受けた。しかし絞首刑は免れたが財産の多くを失うことになった体験が、フーリエの思想に大きな影響を与えたのである。

その後フーリエは再びリヨンに住むが、商業体験と同時にこのリヨンもフーリエの思想形成に大きな影響を及ぼした。当時のリヨンはフランス最大の製造業と商業の都市で、産業の実権は大商人が握っていたが、商人や労働者などの生活は苦しく、緒階級は鋭く反目していた。フーリエはこうした商工業都市リョンが抱えていた「経済的、社会的諸矛盾と労働者のミゼラブルな生活のなかから独自の思想的世界を構築していった」(1)のである。

その特徴の一つに商業・商人集団に対する厳しい批判がある。フーリエは商人集団は「農業および製造産業を貪り食って社会全体をあらゆる点で奴隷化する禿鷹の一群にすぎぬ」海賊の一味であるとして(2)、彼らによる自由競争に基づいた破産、投機、買占め、高利の災厄を厳しく批判した。そしてその実例として示したのが穀物と原料・物産の買占めである。

まず穀物の買占めについて、「(この)商人に全き自由を与えよという商業制度の基本原則は、彼らには取引の材とすべき商品の絶対的所有権を認めること」であり、「彼らは商品を流通の場から奪い去り、隠匿し、のみならずそれを焼き払う権利すら有する」ことを意味するので、このため穀物価格は3倍、4倍に引き上がることを批判した。

また原料・物産の買占めにより砂糖、コーヒー、綿花の植民地生産物の価格が異常に高騰していることも批判した。とくに綿花については貯蔵分が隠匿されたため価格が高騰し、生まれたばかりの製造業、皇帝の支援で発達した製造業は滅亡の不安にかられたことを指摘する。しかし実際には綿花は不足しておらず、高騰するはずのない原料が2倍に吊り上がったこと、そのため製造業が混乱に陥っているが、それにも関わらず相場師たちは私腹を肥やしていたことを痛烈に批判しながら(3)、他の多くの階層に課されているもろもろの義務を商人だけが免れるべきではないと強調した。そしてこうした実態を放置すれば豊作時ですら飢餓が起こるので、政府は買占めに介入すべきであるとも述べている。

また投機についても「買占めの兄弟である」として、「投機は所有者でも製造者でもなく、自分の財布以外のものに執着を持たない一寄生階層に国を委ねることになるので、地方の解体と産業部門を次々と壊滅させる」(4)と批判している。

フーリエがこのように産業主義を批判した理由は、社会は神の神髄を知る前に巨大な飛躍的発展を遂げたからであり、本来はまずその神髄を探求すべきであったにもかかわらずそれを怠り、根本的な悪を称賛してきたことにあるとした。そして「産業の分散細分化および自由競争という名でカムフラージュされている商業的詐欺」(5)(傍点フーリエ)の二つをその根本的な悪とし、貧困を根絶するには本来とは転倒している消費、流通、競争の在り方の改革が必要だとした。具体的には「遊び人の気まぐれに基づいた消費」、「生産者や消費者から暴利を貪り、また買い占め、投機売買、常習的詐欺、ゆすり、破産などの策謀により産業的体系に無秩序をまきちらす商人や卸業者」がいることや、産業が発展すればするほど競争が激しくなり、労働者は捨て値で労働を強いられ賃金が低下する傾向があることなどを批判した(6)。

このようにフーリエの産業主義批判ではとくに商業について厳しいが、それは彼が富裕な毛織物・香料商人の長男であり、家業の商業上の不正を特に強く体験しそれを憎んだことが影響していたと思われる。

なお、ここで指摘したいことは、フーリエのこうした一連の意見の根底には自由競争に対する批判もあったことである。フーリエはスミスが買占めを公益に役立つ一つの操作として称揚してきたと述べ(7)、それを実態に基づいて検証するために前述した買占めの状況を示したのである。この自由競争についての批判的な意見は後述する協同社会にも関連しており、現代社会の変革を考えるうえで注目すべき意見といえる。

(注)
(1)「産業的協同社会的新世界」『世界の名著続8』（1975年2月　中央公論社）67ページ。
(2)「四運動の理論」（下）（2006年1月　現代思想新社）65ページ。
(3)同右。83～87ページ。
(4)(2)に同じ。94～95ページ。
(5)(1)に同じ。476ページ。
(6)(1)に同じ。478ページ。
(7)(2)に同じ。83ページ。

## 2 経済的社会的弱者の擁護

フーリエが著書「四運動の理論」の冒頭で学者を批判し、「彼らは道徳を扱っていながら、女性の権利を承認し主張することを忘れている。弱き性の虐待は正義を根底から破壊するものであるにもかかわらず」と述べている。また労働者についても、「彼らは人権を扱っていながら、労働権を忘れている。それなくしては、他の一切が無益なものとなるにもかかわらず」と述べ、学者たちは「いずれの学問でも必ず本質的な問題を忘れるという奇怪な特性を有している」(1)と指摘している。

その上女性についてはわざわざ1節を設け、「文明における女性の地位低下」について論ずる。そこでは若い娘を独占できる財産として扱うことを批判し、男女平等の自由恋愛の重視、女性の権利の尊重を強調しながら、「最悪の国民とは必ずや女の奴隷化をつのらせてきた国民である」とし、「社会の進歩および期劃の変更は自由への女の進歩に比例して行われ、社会秩序の衰微は女の自由の減少に比例して行われる」(2)(傍点フーリエ)とも述べていた。これは現在強調されているジェンダー平等の原則を強調したもので、先見の明があったといえる。

こうした意見からも明らかなように、フーリエは哲学者、経済学者の慢心を諫め、資本主義制度の下での経済的社会的弱者である労働者、女性、一般市民を支持し、擁護した。フーリエは情念を人間の最も自然な心であるとして、その情念引力こそが神の摂理にしたがって「戦争や革命や貧困や不正を消滅させることができる」(3)と述べていた。この情念引力重視の考えは社会の在り方にもおよび、自由競争の勝利者は富を蓄積し裕福な生活をしているが、一方では過重労働、権利の侵害、貧困などの災厄に苦しんでいる大多数の民衆はそうではないので、これを改革し大多数の民衆が人間の情念の開花＝享楽できるようにすることがもっとも望まれるとしたのである。その意味でフーリエにとって人間が住んでいる地球は、「情念が享楽と結びついていないので最も不運な星」(4)だったのである。

この経済的社会的弱者への関心はイギリスのバーミンガム職人親方集会について述べた意見からもいえることである。フーリエは産業主義は生産者もしくは賃金労働者が富の増大の分け前に与るための保証を何一つもたず、生産も無秩序で雑然と行う精神錯乱であるとし、当時注目の的でモデルとされていたイギリスのバーミンガム職人親方集会の宣言を示した。そしてこの宣言が「産業や労働者のつつましさは、労働者を悲惨から保護することはできず、農業に雇用されている賃金労働者は無一文であり、また、彼らは食糧が過剰に存在する国で餓死している」と述べていることを指摘した。さらにロンドンの下院で商務大臣が「絹織物工場は多数の子どもたちを使用しており、彼らは朝の3時から夜の10時まで拘束され……一瞬でも手を休める子どもという子どもを打つための鞭を手にした監督に監視されたもとで、19時間束縛されている代償として、およそ一日につき5・6スーなのである」（傍点フーリエ）と述べていることを取り上げ、この実態は「（文明社会では）事実上復活した奴隷制が存在している」(5)ことを示していると強調したのである。

さらにダブリンの病院の実態にも触れ、「諸国民の富」の増大にもかかわらず激しい飢えと同時に、窮乏による緩慢な飢えが原因での死者が多いことやロンドンでも232千人の赤貧者がみられることを掲げ、産業主義を鋭く批判した(6)。

こうしたフーリエの経済的社会的弱者重視の思想は、社会階層をA、B、C、D、Eの5階層に区分し、富の増大と配分についての検討にもみられる。その結果として、「大衆つまり貧困階級は、富の増大の配分に与るどころか、それによって貧困が増加」するので、「彼らを苦しめ、また飢え死にしないだけの効用しかもたらさない、胸の悪くなるような労働を手に入れることすら保証されていない」(7)と述べている。

これまで述べたようなフーリエの経済的社会的弱者についての意見は当時の上流階級に対する批判でもあるが、このことについてエンゲルスは次のように述べていた(8)。

「フーリエは上流社会の虚偽、その理論と実践との矛盾、その全生活様式の怠惰を仮借なく暴露した。……これにたいし上流社会の実践、彼がみごとに批判したなごやかな取引、享楽とはならないその放埒な歓楽、婚姻における姦通、その全般的な混乱を対比させた」

エンゲルスのこの意見はフーリエの経済的社会的弱者の擁護は上流社会のブルジョアジーに代わって経済的社会的弱者＝プロレタリアートによる社会を展望したものとみていることである。このためエンゲルスはフーリエを空想的社会主義者と批判しながらも、一面では人類発展の歴史的認識を示したものとして評価したのである。

(注)

(1)「四運動の理論」(下)(2006年1月　現代思想新社)10ページ。
(2)「四運動の理論」(上)(2006年1月　現代思想新社)221ページ。
(3)同右。151ページ。
(4)(2)に同じ。163ページ。
(5)「産業的協同社会的新世界」『世界の名著続8』(1975年2月　中央公論社)473ページ。
(6)同右。475ページ。
(7)(5)に同じ。480ページ。
(8)エンゲルス「フーリエの商業論の一断章」『全集』(第2巻)635ページ。

## 3　社会発展の歴史的認識と農業組合

### (1) 社会発展の歴史的認識

フーリエの重要な特徴は社会発展を歴史的に認識したことである。彼はニュートンの万有引力に対比し情念引力を唱え、社会発展には必ず幼年、生長、衰退、老年の四つの段階があるとした(1)。そして

「未来における創造の順序」（見取図）では、この4段階はそれぞれ固有の特性を持っていて第1の混成セクト、第2の未開、第3の家長制、第4の野蛮は「後退」期であるが、現在は「躍進」期の第5の文明にあるとした後、フーリエの理論は第6の保証、第7の粗成セクトが続くことになっている。また、「神は段階的進歩であろうと段階的退歩であろうと、運動というものが永久に変化することを欲しており……われわれの社会において周期的に、有益なあるいは有害な革新の胚種を孵化せしめる」とも述べ、「悪い胚種であれば息の根を止め、善い胚種であれば伸長せしめる必要がある」(2)とも述べている。

それぞれの劃期の名称およびそれを善し、悪しとする内容や社会発展の歴史を神の意志による情念引力とすることについては理解が困難な点も多いが、フーリエが社会発展を歴史的にとらえていたことだけは確かである。

エンゲルスはオウエン、サン・シモン、フーリエの3人は歴史的に生まれたプロレタリアートの代表者として登場したのではなく、先ずある階級を解放するのではなく、いきなり全人類を解放しようとしたとして空想的社会主義者として批判したが、一面では評価しもしていた。フーリエについていえば、「これまでの歴史の全行程を野蛮、家父長制、未開、文明の四つの段階に分け」、ヘーゲルと同じように弁証法を駆使していると述べている(3)。また別のところでもフーリエが「どの歴史にもその上昇期があるとともに下降期があることを力説し、人類全体の将来にたいしてもこの考え方を適用している」(4)

とも述べている。

とくにエンゲルスは恐慌についてフーリエを高く評価している。エンゲルスは1825年以来5回の恐慌を経験し、現在（1877年）はその6回目を経験していることについて述べながら、「フーリエが最初の恐慌を過剰からくる恐慌と名付けたことは、これらすべての恐慌にぴったり当てはまるほどである」(5)と述べているのである。

ただフーリエの社会発展についての歴史的認識は、神の所業に基づいた情念引力が地球上に普遍統一を樹立し、それにより戦争や革命や貧困や不正を消滅させるとしたものであった(6)。また現代文明社会では資本主義に起因した多くの災厄が不可避的に起きているが、フーリエはそれを回避するための措置を革命による資本主義の改革ではなく、情念引力による地域的な協同的新世界の創設に求めた。そのいずれもがエンゲルスとは異なっているのは明らかで、フーリエが空想的社会主義者といわれる所以である。

## (2)　農業組合と協同社会の提起

### ①四運動と農業組合

フーリエは文明人にとっては社会的、動物的、有機的、物質的という四運動の理論を研究しなければ幸福に行き着かれないとし(7)、ニュートン、プラトンは物質的運動の部門まで研究したが、重要なことは人間精神であるとした。そのうえで文明社会では社会的混乱から普遍的調和へ移行することが必要で、そのためフーリエは農業組合と情念引力の二つを示した。

このうち農業組合についてフーリエはその構想を述べている(8)。農業組合は離れればなれに働いている各農家を産業組合に結集できれば、測り知れない節約と改善がもたらされるとし、自然的ないし誘因的な組合では少なくとも８００人を結集する必要があるとした。そして成員は20人、30人規模などではなく千人になれば莫大な利益が産業にもたらされることを強調している。また、３００戸の農家が組合化された場合に合理化される実例を示しながら、現代人や経済学者がこの問題に無頓着なことを批判しているが、それはそれらの人々はいままで存在したことがないことを理由に組合化することが不可能と信じているからであった。これはフーリエが歴史的認識に基づいた未来社会を展望していることからの批判を示すものでもあった。

フーリエのこの歴史的認識における注目すべき特徴は、未来社会を人間の情念に基づいて展望していることである。フーリエは農業組合の組織化による実際的な経済効果を強調しながら、これは「万人共通の緒情念にとり入って、利得と逸楽とを餌にそれを誘い込むことである」と述べている。その理由はフーリエは利得と享楽の情念に訴えるのは未開人、野蛮人だけでなく文明人にも共通してその効果があると認識していたからである。そしてこれを累進セクトまたは集団系列、情念系列と名付け、このセクトにより不和と貧困が無くなり宥和と富裕が生まれるとしている。

フーリエは人間の情念は抑制することはできないし、仮に抑制できたとすると文明状態はたちまちにして衰え遊牧状態に舞いもどるだろうとも述べている。これを改善するため新しく農業組合を作り、この組合秩序により人間の嗜好や習慣に変化が起こり、みんな仕事に精を出し喜んで耕作や製造、学問や芸術を学ぶようになり、子供たちも騒いだり、物を壊したり、喧嘩したり勉強を嫌がったりしないようになると強調した。これは「存在は意識を決定する」として、子供の成長で環境を重視したオウエンとも共通した理念であるが、フーリエによると農業組合はそうした累進セクトまたは集団系列の社会を意味したのである。

ここで述べた情念引力を基本として農業組合が展望されるその論理については理解しがたいところもあるが、これはフーリエが情念引力を基本として人間の発展を歴史的に認識しようとしていたことを示していたといえる。

②協同的新世界の提起

フーリエが貧困、失業、商業独占による買占めと投機、労働者の奴隷的収奪などの災厄があるとして文明社会を批判したのは、それに代わる新世界としての産業的協同社会（以下「協同社会」）を構想していたからであった。つまり虚言と嫌悪感を催す産業が支配している転倒した文明社会を、真理と魅力的産業により築かれた正立した世界である協同社会に転換することであった（傍点フーリエ）(9)。この協同社会の理念とその内容は「産業的協同社会的新世界」（以下すべて「協同的新世界」で統一）で示されているが、ここではそれに基づきフーリエが構想した協同的新世界について検討したい(10)。

フーリエはこの協同的新世界で新しく設立する組織の理念と設立上の課題、人員配置と役割、組織の運営・管理、子供の教育、動植物の生産と関連施設の整備などについて具体的に述べているが、ここではそのうちのいくつかについて検討する。

まず指摘したいことはこの協同的新世界の理念と基本的な特徴についてである。フーリエがこうした協同的新世界を構想した背景には現代文明社会についての厳しい批判があったが、その現代社会の根源的な悪として農業の分散細分化と商業をあげ、これは人類が創りうる産業的社会のうちで最も軽蔑すべきものであるとし、これとは対照的な産業的新世界として協同的新世界を提起したのである。現代社会では産業や知識の進歩は諸階級の貧困を高めることにしか役立っておらず、現代人は未開人よりもずっと不幸なので、協同的新世界を組織する。そしてこの世界では真の自由、活動の統一および正義が支配し、労働は祝宴や芝居と同じくらいに魅力的になるとした。

そのうえで協同的新世界について第1に指摘したいことは、フーリエはその消極的利点と積極的利点について述べていることである。先ず消極的利点として家庭労働における労働量の低下と燃料費の節約、盗みの減少などを掲げる。また積極的利点として文明社会においては個人的で、非連帯的で、虚偽的で、複雑で、気まぐれな競争も、協同的新世界では同業組合的で、連帯的で、真実の、簡単な、保証的な競争におきかえることができるので、生産高も4倍以上に高まるとか、20倍、100倍の莫大な富を一挙に獲得することもできるとしている。

なお、フーリエはこの協同的新世界についても「神による永遠の社会の掲示」、つまり神の意図による情念引力の力によるものとしている。このことがオウエンと同じような協同社会について述べながらも、オウエンを無神論者として批判する理由にもなっている。

第2に指摘したいことは協同的新世界の規模とそこにおける実際の生活の在り方についてである。フーリエはこの協同社会をファランジュとも述べているが、このファランジュは「古代マケドニア軍の方陣ファランクスからとった名で、最小400人、最大2千人、平均1620人の老若男女と、一人当たり1ヘクタールの農地をもった、生産と消費にわたる生活協同体で、……住民は広大な共同宿舎で生活した」(11)組織のことである。

フーリエはこれまで協同社会について、「3ないし4世帯を家庭的協同体に結合すれば1週間後にはきっと反目が現れる。30ないし40を協同化すればいっそうそうであり、いわんや300ないし400世帯であればなおさらそうである」と述べている。

それにもかかわらず協同的新世界での構成員は1800名が最も適正は数で、この規模を「完全規模のファランジュ」としているのである。その根拠は示されていないが、この1800人にはファランジュの歴史が反映されていると思われる。そして3世帯や30世帯の少人数ではなく、1800人の結合の成功こそ神が望んでいることであり、情念引力の科学こそが協同的新世界を成功させる唯一の方法であると強調されている。つまり少人数では成功しない協同的新世界が１８００人で成功する要因として、神髄に導かれた情念引力の働きを示し、所得、社会的地位と階層などが多様な民衆を人間の本能的自然的欲望（後述）によって統一しうるとして、新社会の創設を目指したところにフーリエの注目すべき特徴があったといえる。

こうした情念引力に導かれて運営される大規模な協同的新世界では、小規模な世帯が必要とするような人員、器具が大幅に削減され、家事労働も単純化されて主婦と召使の8分の7に時間の余裕ができ、生産的労働に従事できるようになるので、富は著しく増加するとしたのがフーリエであった。

フーリエはこうした構成員の規模問題だけでなく、ファランジュの生活の在り方についても具体的に述べている。ファランジュの住民はファランステールとよばれる広大な共同宿舎で生活することになるが、このファランステールは4階建てで居間、寝室、食堂などはもちろん作業所、家畜小屋、倉庫をはじめ教会なども設置され、しかも作業所や家畜小屋も暖冷房が整備された地下道で通じている。敷地の中央には広場があり、樹木、噴水、庭園も配置されたものであった。このファランジュの主要な産業は農業で、製造業の4倍の労働時間が投入される。しかもそこでの農業は食生活の多様性を維持できるような作物栽培や家畜飼養が行われ、その生産労働は住民の情念が解放されるように性、年齢を考慮した集団組織の形をとる。労働内容は1日に8回変えられ、翌日は違った組み合わせの労働が行われるのである(12)。

フーリエがここで示した生活と労働の在り方は、情念引力が相互の間接的、直接的な差異を調和し、協同的新世界を成功に導く要因であるとする考えに基づいているのはいうまでもない。後述するように、フーリエは情念引力のなかでも移り気情念を重視し、1時間半、長くても2時間という極めて短い時間で活動することによって、だれもが、1日の間に7ないし8種類の魅力ある労働を行い、次の日には変化を与え、前日の集団とは異なった集団と交際することができるとも述べている。

前述したファランジュでの生活と労働はこれにしたがったものである。これは人間生活にとって短時間で、変化に富んだ労働が必要なことを意味するが、この方法こそが飽き飽きし、熱意を失ってしまった労働を長時間、継続した労働の苦痛に代えて、物質面と精神面に成果がもたらされることを強調したものである。

この移り気情念重視は、フーリエ自身が述べる日常の生活により具体的に示されている。フーリエが示した協同社会における日程をみると朝3時半起床、夜10時（または10時半）就寝となっているが、この間1時間か1時間半おきに従事する作業が変わり、それぞれについて食事はもとよりミサへの出席、おしゃべり、美術・演劇・舞踏会などが示されている。こうした日課では疲れることはなく、したがって睡眠時間も少なくて済むとする。たとえば作業場へも暖冷房完備した地下通路で移動でき、移動時間もあまりかからないので、労働も熱心なものとなり、怠け者が3時間かかる仕事を1時間で行うことができる。また隣接する集団とは異なる集団を組織すればお互い対抗意識で自らの労働に対する熱意が高まり、生産物の完成度を高め、労働における熱意と同時に各集団間の非常な近親感を引き起こすのである。これがフーリエが目指した協同的新社会の姿であった。

(注)

(1)「四運動の理論」(上)(2006年1月　現代思想新社)158ページ。
(2)「四運動の理論」(下)(2006年1月　現代思想新社)14ページ。
(3)エンゲルス「空想から科学への社会主義の発展」『全集』(第19巻)94ページ。
(4)エンゲルス「反デューリング論」『全集』(第20巻)270ページ。
(5)(3)に同じ。216ページ。
(6)(1)に同じ。151ページ。
(7)(1)に同じ。11ページ。
(8)以下農業組合に関する内容は(1)の「農業組合について」(21~28ページ)で述べられていることなので、その都度の引用の記述は省略する。
(9)フーリエ「産業的協同社会的新世界」(1975年2月　中央公論社)442ページ。
(10)同右。449~450ページ。以下協同社会的社会機構については同書によるが、その都度の引用の表示は割愛する。
(11)「世界の名著」(続8)(1975年2月　中央公論社)77ページ。
(12)同右。

## 4　人間の本能的自然的欲望の重視

既に述べたようにフーリエは情念引力を重視したが、その理由はこれまでも述べたように、この情念は人間の本能的自然的欲望で、創造主としての神の意図によるとする認識からであった。それ故にこの情念を全面的に開放した生活を営むことが人間にとって最も幸福なことであるが、文明社会ではそれが妨げられているので、その障害のない協同的新世界を展望したのである。しかもフーリエの重要な特徴は対象となるこの欲望は哲学者、道徳家、経済学者などの説くようなものではなく、労働者などの経済的社会的弱者のそれであった。したがってその内容をみると、哲学者や道徳家、経済学者だけでなく、社会一般でも必ずしも全員を納得させることができないと思われるようなものも含まれていた。

一例をあげれば快楽とそれを満足させるための富の重視である。フーリエは「情念引力とは熟慮反省に先立って自然にもたらされ、理性や義務や偏見などの反対にもかかわらずいつまでも存続する衝動」であるとした。そして「潤沢、つまり5感の快楽」を掲げ、「内的潤沢」とともに「外的潤沢」として「金銭的富を願っている」(1)ことも強調する。これは「名声や学識も望ましいが、資産が伴わなければ十分とはいえない。幸福は何よりも富の所有にある」(2)としていることや、人間にはすべて奢侈への欲求があるが、「丈夫な胃と旺盛な食欲があっても食べるための銭がなければ何にもならない。文明においては、一切が金銭に従属している」(3)とした認識も示していた。また人間の欲求である享楽については、住民の情念が享楽手段と釣り合っていないことが地球を悩ませているので、「地球は最も不運な星である」(4)と述べ、誰もが本能的にもっている無数の享楽が味わえるような新しい社会組織を創る必要があるともしているのである。

こうした人間の本能的自然的欲求を尊重する意見は個人の野心についてもみられる。フーリエは文明社会では身分や財産や知識が抜ぬきんでた多くの人物が大臣という地位やそれよりつまらない地位を手に入れようと腐心しているが、協同社会は気高い野心家に対してはずっとずっと輝かしい職業をもたらすとする(5)。これは協同社会は人間誰もが本能的に望んでいる地位や名誉を得ることが可能な社会を意味しているのはいうまでもない。

フーリエは友情、恋愛、父子愛、団体愛などについても述べているが、それは文明社会における自由な競争は富と名誉および社会的な地位に大きな格差をもたらし、経済的社会的格差が拡大するとともに商業独占、貧困、失業、詐欺行為などの原因ともなる。この災厄を取り除き、万民が人間の本能的自然的欲望を解放して幸福な生活を享受する必要があり、そのためには未開、家長制、野蛮と進んで至った文明社会に代わる新しい累進セクトの秩序＝新しい協同社会の創造が必要だとしたのである(6)。

これまで述べたように、フーリエが重視した人間の本能的自然的欲求のなかには富、名誉、快楽、野心などの個人的欲求があるが、こうした欲求は文明社会ではちっぽけで道徳的にも好ましくないものされる傾向がある。それにもかかわらず富と地位のある少数者は何不自由なくそれを享受できるが、圧倒的多数の経済的社会的弱者は潜在的に根強くこうした欲求をもちつつも享受できない。フーリエはこれを許すことができず、協同的新世界の創設によりその開放と開花を目指したといえる。

社会発展の歴史的認識についてエンゲルスはフーリエを高く評価したことは前述したが、フーリエ自体はこれを神の意図に基づいた情念引力によるものと認識していた。この認識はエンゲルスとは根本的に異なっており、またフーリエのいう人間の本能的自然的欲求は人種、性、宗教や政治的・社会的地位などによる差別の否定および生存権や思想・信条の自由と教育権などの法の下における平等などで一般的に強調される人権とも同一ではない。前述したように一部には一般国民ですら必ずしも納得できない欲求もある。

フーリエはこの情念引力による人間の本能的自然的欲求は神の意図でもあるので絶対的に従うことを重視するだけでなく、これを抑制したり歪めたりする如何なる介入にも厳しく反対した。この情念引力による協同社会こそは正に「空想的」で、エンゲルスが空想的社会主義者としたオウエン、サン・シモン、フーリエの中でも、フーリエが最も空想的ということもできる。

しかしさまざまな差別と人権の抑制と侵害およびさらに進んで人権の無視・無承認化が強まっている現在、こうした傾向を改革し民主主義的諸要求を実現するためにも、フーリエが重視した人間本来の自然的欲求を思想的根拠とした対応も一考の余地があるのではないか。しかもフーリエはこの思想を文明社会における圧倒的多数の経済的社会的弱者である普通の庶民を対象としたことを考えると、この人間の本能的自然的欲求は人権の真の確立を目指す現代における運動にも一層広範な大衆を結集できる可能性も展望できると思われるのである。

したがって今後の人権擁護の多様な闘いにおいては、人間の本能的自然的欲求を基礎とした「空想」の意味について改めて検討する必要があり、そこにフーリエの思想に学ぶ意味があるといえる。

（注）

（1）フーリエ「産業的協同社会的新世界」『世界の名著』（続8）（1975年2月　中央公論社）495ページ。

（2）フーリエ「四運動の理論」（上）（2006年1月　現代思想新社）34ページ。

（3）同右。137ページ。

（4）（2）に同じ。163ページ。

（5）（1）に同じ。452ページ。

（6）（2）に同じ。37ページ。

# II　協同組合の社会改革への対応の理論と方策

# 第4章　マルクス・エンゲルと協同組合

## 1　マルクスと協同組合

### （1）協同組合工場の評価とその位置づけ

マルクスは19世紀中頃におけるイギリスの工場制工業の実態を災害事故中心に調査し資本経営を厳しく糾弾したが、その一方でランカシアとヨークシアの協同組合工場の発展と拡張に強い関心を示していた(1)。その理由としてマルクスは、協同組合による新しい工場制度は普通の労働者からなりたっていること、工場の借入金は労働者やそれと同じような階級の人たちの小口貸し付けであること、しかも工場で雇われている人がその工場の株主であり、賃金のために働き、また自分の株に対する利息を受け取っていること、しばしば組合員が機械を賃借りしそれを自分ではたらかせていること、などの特徴を指摘し、この協同組合工場制度は「労働者にとっては魅力がある」としていた。

マルクスは同じ論文で、ロッチデール地域における株主の大部分がそこに働く労働者であった協同組合工場制度の発展に関する報告を資料として掲げ、貴重な内容を含んでいるとも述べているが、それは協同組合についてのマルクスの関心の高さとその評価を示していたといえる。

しかも、マルクスはこの協同組合制度は綿紡績と綿織布に限られず小麦粉、食料品類、反物などのさまざまな消費物資の商業にも及んでいることを指摘し、協同組合工場の普遍的な意義も強調していたのである。

マルクスの協同組合についての評価は国際労働者協会（第1インタナショナル）の創立宣言（1864年9月）でも明らかである。マルクスが起草したこの宣言では、協同組合工場を「偉大な社会的実験」と述べ、近代科学の要請に応じて大規模に営まれる生産は、働き手を雇用する主人の階級がいなくてもやっていけることおよび労働手段が働き手を搾取することなく果実を生産できることを指摘し、賃労働は奴隷労働や農奴労働と同じように一時的なものにすぎず、やがては自発的な喜びに満ち満ちた勤労に席を譲って消滅すべき運命にあることを強調したのである(2)。

イギリスの協同組合工場の検討を通じて示されたマルクスの協同組合運動に対するこれと同じような評価は、1866年7月、ジュネーブで開かれた国際労働者協会第1回大会での「中央評議会代議員への指示」でも明らかである。そこでは次のように述べられていた(3)。

「協同組合運動が、階級敵対に基礎をおく現在の社会を改造する諸力のひとつであることを認める。この運動の大きな功績は、資本にたいする労働の隷属にもとづく、窮乏を生みだす現在の専制制度を、自由で平等な生産者の連合社会という、福祉をもたらす共和的制度とおきかえることが可能だということを、実地に証明する点にある」（傍点マルクス）。

もちろん協同組合工場には「既存の制度のあらゆる欠陥を再生産したり再生産せざるをえない」という実態がみられるが、「資本と労働の対立は廃止され……労働者たちが組合として自分たち自身の資本家だという形、すなわち生産手段を自分たち自身の労働の価値増殖のための手段として用いるという形」で、「古い形態のなかではあるが、古い形態の最初の突破である」とも評価していた(4)。

マルクスはドイツ労働者党綱領が「社会問題解決の道を開くために、国家の補助を受け、……生産協同組合の設立を要求する」と述べていることについて、「国家が生産協同組合にあたえる『国家補助』から『発生』し、……労働者ではなく、国家が『設立する』」とするのは「ラサールの空想である」としてこれを退けた。そして協同組合は「政府からもブルジョアからも保護を受けずに労働者が自主的につくりだしたものであるときに、はじめて価値をもっている」（いずれも傍点マルクス）と述べていた(5)。このことは資本主義企業とは異なった協同組合工場の特徴と協同組合の自主・自立性を強調したものとして注目すべきことである。

マルクスはこのあと、資本主義的生産様式から生まれる工場制度がなければ協同組合工場は発展できなかったであろうし、また同じ生産様式から生まれる信用制度がなくてもやはり発展できなかったであろうと述べ、協同組合工場も資本主義から生まれたものであることを強調し、その歴史的な位置づけについても述べていた。

このことに関連し日野秀逸氏は資本論にも依拠しながら、「マルクスは協同組合企業を資本主義の内部で発生し、資本主義を止揚する新たな生産の担い手となりうるものと評価している」とされている。その上で「マルクスは消費（協同）組合についても言及しているが、それは資本論執筆よりも前の段階であり、また量も少ない。マルクスの場合には協同組合の意義は主として生産協同組合、協同組合工場に置かれている。しかし、協同組合企業を資本主義に代わりうる企業形態としている点は、生産協同組合、消費協同組合にも当てはまる論点である」と集約されている(6)。これはマルクスの協同組合工場に関する評価は、協同組合が資本主義から社会主義にいたる過度的形態の役割もあることを意味するということもでき、注目すべき指摘である。

いずれにしてもマルクスがここで述べていることは、協同組合工場は現実の資本主義制度のもとではあらゆる欠陥をもっておりそれを再生産せざるをえない実態にあるとはいえ、工場のなかでは資本と労働の対立は廃止されており、古い制度＝資本主義制度を突破できる可能性を否定していなかったことである。これは資本主義の胎内で生まれその中で育ったものではあるが、一定の条件の下ではあるが協同組合工場には資本主義とは異なった特徴があり、資本主義に代わりうる可能性もあることをマルクスは認めていたことを示しているといえる。

## (2) 社会の全般的変革の重視

　こうして協同組合工場の特徴を明らかにしていたが、マルクスが最も重視したのは労働者階級の闘いによる資本主義制度の革命的転換であったのはいうまでもない。マルクスはパリ・コミューンについて「彼らのなすべきことは、崩壊しつつある古いブルジョア社会そのものの胎内にはらまれている新しい諸要素を開放することである」と強調したが(7)、労働者階級による革命闘争を発展させる観点から協同組合を位置づけたところに、マルクスの科学的社会主義による協同組合論の重要な特徴があった。

　マルクスはインタナショナル第1回大会の「中央評議会代議員への指示」で協同組合運動について一定の評価をしたことは前述したが、それに続いて次のように述べていた(8)。

「協同組合制度が、個々の賃金奴隷の個人的な努力によってつくりだせる程度の零細な形態に限られているかぎり、それは資本主義社会を改造することはけっしてできないであろう。社会的生産を自由な協同組合労働の巨大な、調和ある一体系に転化するためには、全般的な社会的変化、社会の全般的条件の変化が必要である。この変化は、社会の組織された力、すなわち国家権力を、資本家と地主の手から生産者自身の手に移す以外の方法では、決して実現することはできない」と強調した。その上で「協同組合商店よりは、むしろ協同組合生産に携わることを勧める。前者は現在の経済制度の表面にふれるだけであるが、後者はこの制度の土台を攻撃するからである」と述べていたのである（傍点マルクス）。

　ここでは前述した生産に携わる協同組合工場を資本主義の「土台を攻撃」するものとして評価してい

るが、これは協同組合工場が現代社会の経済的土台＝下部構造の変革にも寄与できる可能性を述べたものできわめて注目すべき指摘である。しかし、そのためには社会全体の全般的条件変化が必要なことこそ、マルクスがもっとも強調したいことであった。それは「協同組合運動が階級対立に基礎をおく現在の社会を改造する緒力のひとつである」としても、協同組合運動単独では自らが掲げる理念を実現できる可能性はないとしたのがマルクスであった。

マルクスは「イギリスにおける工場制工業の状態」でロッチデール原則にしたがった協同組合制度を新しい工場所有制度として評価しつつも、「この制度は次の工業恐慌できびしい試練を受けることになるだろう」とも述べていたのは(9)、協同組合運動が「全般的な社会的変化」を目指す運動と連携しなければ、その危険性があることを予測していたからであった。国際労働者協会の創立宣言でも前に引用した後に次の通り述べているが(10)、それも同じ趣旨であるのはいうまでもない。

「イギリスで協同組合制度の種子を播いたのは、ロバート・オウエンであった。大陸で労働者が試みた諸実験は、事実上、1848年に――発明されたのではなくて――声高く宣言された諸理論から生まれた実践的な帰結であった。

それと同時に1848年から1864年に至る期間の経験は、次のことを疑う余地のないまでに証明した。すなわち協同労働は、原則においてどんなにすぐれていようとも、また実践においてどんなに有益だろうとも、もしそれが個々の労働者の時おりの努力という狭い範囲にとどまるならば、独占の幾何級数的な成長をおさえることも、大衆を解放することもけっしてできないし、大衆の貧困を目だって軽減することさえできないということである。……勤労大衆を救うために、協同労働を全国的に発展させる必要がある」。

こうした「全般的な社会変化」への関心と同時に、マルクスの協同組合についての意見でいま一つ注目したいのは、協同組合工場が資本主義に代わりうる役割を果たすためには、協同組合に働く労働者とその運営が重要なことも併せて指摘したことである。マルクスは前述の「中央評議会代議員への指示」の中で、経済制度の表面にふれるだけの協同組合商店より資本主義制度の土台を攻撃する協同組合生産を労働者に勧めていたことは前述したが、「協同組合がふつうの中間階級的株式会社（sociétés par actions）に堕落するのを防ぐため、協同組合に働くすべての労働者は、株主であってもなくても、平等の分けまえをうけとらねばならい」と強調していた。これは協同組合は組合員が自主的に参加した組織であり、そこに働く労働者は雇用主により奴隷的労働による搾取ではなく、本来自らの自発的意思による労働をしていること、したがって労働者の自主的自発的意思に基づいた民主的運営が重要なことを述べたもので、現代にも通ずる指摘である。

これまで述べたマルクスの協同組合についての意見からいえることは、資本主義の変革と協同組合を考える場合、「全般的な社会変化」と労働者を中心とした階級闘争への対応が重要な課題となるが、そのためにも協同組合に働く役職員の意識の向上と主体的な取り組みが重要な課題であることである。

（注）

（1）マルクス「イギリスにおける工場制工業の状態」『大内兵衛・細川嘉六監訳　大月書店　マルクス＝エンゲルス全集』（第15巻）（以下単に『全集』）。73ページ以降。

なお、今後本書で引用するマルクス、エンゲルス、レーニンの協同組合に関する文献の多くは日野秀逸氏稿「レーニンの協同組合論」（「経済」２００６年6月～２００７年3月）および同氏著「マルクス・エンゲルス・レーニンと協同組合」（２０１０年4月　本の泉社）を参考としたところが大きい。はじめにお断りしておきたい。

（2）マルクス「国際労働者協会創立宣言」『全集』（第16巻）９ページ。

（3）マルクス「個々の問題についての暫定中央評議会代議員への指示」『全集』（第16巻）１９４ページ。

（4）マルクス「資本論」『全集』（第25巻a）５６１ページ。

（5）マルクス「ゴータ綱領批判」『全集』（第19巻）26～27ページ。

（6）日野秀逸著「マルクス・エンゲルス・レーニンと協同組合」（２０１０年4月　本の泉社）94ページ。

（7）マルクス「フランスにおける内乱」『全集』（第17巻）３２０ページ。

（8）（3）に同じ。

（9）（1）に同じ。77ページ。

（10）マルクス「国際労働者協会創立宣言」『全集』（第16巻）９ページ。

## 2　エンゲルスと空想的社会主義者

### （1）空想的社会主義者の社会変革論

エンゲルスは「空想から科学への社会主義の発展」でサン・シモン、フーリエ、オウエンを空想的社会主義者としたが、その30年以上前に発表された共産党宣言ですでに彼らについての基本的認識が示されていた。

周知のように共産党宣言の「三社会主義的および共産主義的文献」の「3批判的＝ユートピア的社会主義および共産主義」でサン・シモン、フーリエ、オウエンについて述べている。そこではこの3人は階級対立や現存社会の内部における解体要素を自分の目でみていたが、プロレタリアートの解放運動の物質的諸条件が備わっておらず階級闘争も未発達であったため、社会的活動は彼らの個人的工夫によらざるをえず、開放の歴史的条件も空想的条件に席をゆずらざるをえなかった、と指摘していた(1)。

具体的には、彼らは自分が階級闘争をはるかに超越した人間であると信じ、もっとも恵まれた人々も含めたすべての人々の生活状態を改善しようとして、だれかれに差別なく、とりわけ支配階級に呼びかけたこと、しかしこれは階級闘争が未発達な時期にプロレタリアートがいだいていたおぼろげなあこがれに応じるものではあったが、歴史的発展に反比例していたこと、それ故に彼らが階級闘争に激しく反対し、ブルジョアの博愛的な心と財布とに呼びかけ、反動的社会主義者または保守的社会主義者の部類に落ちこんでいかざるを得なかった要因があった、としていた。

エンゲルスがサン・シモン、フーリエ、オウエンの3人を「偉大なユートピア社会主義者」とし、「（18世紀フランスの）啓蒙思想家たちと同様に、理性と永遠の正義の国の実現を目指したいと願っていた」とする一方で、彼らのすべてに共通した点として、「歴史的に生まれていたプロレタリアートの利益の代表者として登場したのではなく」、「まずある特定の階級を開放しようとは思わないで、いきなり全人類を解放しようと思ったこと」を指摘しているのも(2)、共産党宣言と同じ趣旨なのはいうまでもない。

ここでエンゲルスの意見について、共産党宣言とも関連させながら再確認の意味で指摘したいことの一つは、フーリエ、サン・シモン、オウエンを空想的社会主義者と規定したことは彼ら3人を資本主義の変革を目指すうえで排除したのではなく、彼らは「理性と永遠の正義の国」を目指していたとして一定の評価をしていたことである。これは「共産党宣言」で階級闘争が未発達な状況で「社会のすべての成員の生活状態を改善しようとした」とか「労働者の社会の全般的な改造にたいするおぼろげなあこがれにおうじていた」と述べていたことと共通している。

いま一つはそれにもかかわらず彼らが空想的社会主義者となった理由を、エンゲルスは資本主義の発展段階と関連づけていることである。これは共産党宣言でも同様であるが、当時、資本主義的生産様式はイギリスでようやく生まれたばかりで未発達であり、ブルジョアジーとプロレタリアの階級対立もそれほど激しくはなかったことを反映し、３人が空想的社会主義者とならざるをえなかったとした。エンゲルスはその要因を次のように述べていた(3)。

「このような歴史的な状態は社会主義の創設者たちをも支配した。資本主義的生産の未熟な状態、未熟な階級の状態には、未熟な理論が対応した。社会的な課題の解決は、未発展の経済関係のうちにまだ隠されていたので、頭のなかからそれをつくりださなければならなかった。社会は弊害を示すばかりであった。これらの弊害を取りのぞくのは思考する理性の任務であった。……これらの新しい社会大系は、ユートピアになるという運命をはじめから宣告されていた」。

このようにサン・シモン、フーリエ、オウエンが空想的社会主義者であった要因を彼ら個人の資質に求めるのではなく、資本主義の発展段階という歴史的、客観的条件の未発達に求めて批判したことは、彼らが資本主義の発展法則を理解できる条件になかったためであり、科学的社会主義論からいえばこれは当然の批判であった。

なお、空想的社会主義者についてレーニンは次のように批判していた(4)。

「(空想的社会主義者は) 資本主義社会を批判し、非難し、のろい、それの廃止を夢想し、よりよい制度を空想し、富者にたいして搾取の不道徳を説いた。しかし空想的社会主義者は真の活路を示すことができなかった。それは資本主義のもとでの賃金奴隷制の本質を説明することも、資本主義の発展法則を発見することもできず、また新しい社会の創造者となる能力をそなえた社会的勢力を見出すこともできなかった」（傍点レーニン）。

このレーニンのこの意見は空想的社会主義3人の思想を厳しく批判し、将来展望についても全く否定したもので、既に述べた共産党宣言やエンゲルの意見とは異なる面があったといえる。しかし現在における協同組合の社会改革ではこのレーニンの意見ではなく、共産党宣言とエンゲルスの理論に依拠した対応が求められているといえる。

## (2) 空想的社会主義者の評価とその意味

空想的社会主義者は社会の発展法則を認識していなかったため、エンゲルスは革命闘争を発展させるには、「その側面（空想的社会主義者）にもはや一刻もとどまることができない」と述べていた。それにもかかわらず、資本主義の変革を目指すうえで彼らを単純に排除しなかった理由はどこにあったのか。これまでとの重複もあるがエンゲルス自身の意見を中心にこの問題を検討したい(5)。

エンゲルスはまず、フランス大革命は、それまで特権的地位を与えられた不労者の身分（傍点エンゲルス。以下同じ）だった貴族と聖職者に対する第3身分の、すなわち生産や商業で働いている国民大衆の勝利だったが、それはまだ部分的で実際はこの第3身分のうちの一部分である有産ブルジョアジーによる勝利でしかなかった、とその基本的特徴を指摘した。そのうえで、サン・シモンはこの大革命の子であったため、この第3身分と諸々の特権階級との対立を「働くもの」と「不労者」との対立ととらえ、「最も人数の多い最も貧しい階級」の運命に強い関心を示したことを強調した。

エンゲルスによれば、サン・シモンはフランス革命を階級闘争として、しかもたんに貴族と市民階級とのあいだだけでなく、貴族および市民階級と無産者とのあいだの階級闘争として理解していたが、それは1802年としてはきわめて天才的な発見であったと高く評価した。これはサン・シモンとの関わりで既に述べたところである。

エンゲルスのこの指摘はサン・シモン自身の言葉からも明らかである。彼は物資的要求や嗜好を満たせる物的手段の生産と流通に携わっている産業者階級を高く評価する一方で、「(産業者は) すべての階級のうちで最下位におかれている」としたことや、ブルジョアが貴族を廃絶した革命後ブルジョアと産業者の二つの階級による社会となったが、「圧倒的多数である」産業者が管理する社会に変革する必要があると述べていた。そしてエンゲルスはサン・シモンのこうした思想を評価していたのである。

またフーリエについては最も偉大なのは、「これまでの歴史の全行程を、野蛮、家父長制、未開、文明という四つの発展段階に分けている」ことを指摘し、カントが地球は将来滅亡するという思想を自然科学に導きいれたように、フーリエは人類は将来滅亡するという思想を歴史的に導きいれたとして高く評価していた。

3人目のオウエンについては、人口2500人のニュー・ラナークで住民本位の完全な模範集落を創りあげたことのほか児童教育の徹底、労働者とくに婦人、年少者の労働時間の短縮、協同組合企業の価値増殖と所有者への還元などを評価し、詳細に述べている。

ただエンゲルがこのなかで、オウエンが博愛主義者から共産主義者の理論をもつようになり私有財産、宗教、現在の婚姻制度を社会改革への道を閉ざしている障害物として攻撃した結果、公的社会からの全面的な追放をうけ社会的地位を喪失したこと、その結果、貧乏になった彼は直接労働者階級に呼びかけ、労働者の利益のためにおこなわれた社会運動やほんとうの進歩はすべてオウエンの名と結びついていると述べている。また、協同組合を設立し集落を維持・発展させたことは、「すくなくとも、商人も工場主もともにまったく無用な人間であるということの実際的な証拠を提供したものである」とも述べている。これはオウエンを空想的社会主義者として批判したエンゲルス自身の意見であるだけに、注目すべきことである。

オウエン、サン・シモン、フーリエはともに空想的社会主義者とされたため彼らの思想は「空想的」で、学ぶべきものがないと考える傾向もみられる。しかし、これら先覚者が頭の中で作り上げた内容は「空想」であるだけに、時代を超えて現代においてもおかしくはない内容であるということもできる。したがって資本主義の民主主義的改革が課題となっている現在、その取り組みの中でこの「空想」をどう位置付けるかが問題であるといえる。

（注）

（1）マルクス・エンゲルス「共産党宣言」『全集』（第4巻）503ページ以降。

（2）エンゲルス「空想から科学への社会主義の発展」『全集』（第19巻）188ページ。

（3）同右。191ページ。

（4）レーニン「マルクス主義の三つの源泉と三つの構成部分」『レーニン全集刊行委員会訳　大月書店　レーニン全集』（第19巻）7ページ。以下「レーニン全集」は「全集」と略記。

（5）以下とくに断らない限りエンゲルスの意見はすべて（2）による。

# 第5章　レーニンと協同組合

レーニンの協同組合政策は革命闘争の発展とその政策に応じて大きく変化するので、それぞれの時期における主要な特徴について検討する。

## 1　1890年代におけるナロードニキとの闘争

はじめにレーニンの社会主義革命をめぐってのナロードニキとの闘争について検討したい。その理由はレーニンがもっとも激しくナロードニキを批判したのは、彼らが将来の社会主義革命を担う主体を農民に求めたことに対してであったが、これは資本主義発展の歴史的認識と同時に当時のロシアにおける農民の階級分解をどう認識するかを巡っての論争でもあった。したがって農村共同体の位置付けとも関連した問題で、レーニンのその後の協同組合政策を理解する上でも重要だからである。

レーニンとナロードニキとの論争のもっとも重要な点は、彼らが労働者階級の先進的な役割を認めず、農民主導でツアー政府と地主の支配を打倒できるとしていたことで、具体的には1890年代のロシアにおける農村家内工業（クスターリ工業）の発展を如何に認識するかであった。ナロードニキはこの農村家内工業を「人民的工業」であるとして、大規模資本主義的工業である「人為的工業」に対置した。そのうえで農村家内工業の発展により農奴的で封建的な残存物が取り除かれて商業経済が進展することを新しい経済秩序の生成ととらえ、そこに生じている勤労者の搾取や階級対立をみようとせず、資本主義的工業に代わりうるものとした。

これに対しレーニンは、農村家内工業が発展していても実態は大規模資本主義工業への依存を強めて支配されており、その一形態にすぎないことを強調した。そして資本主義生産と同様、農村家内工業においても個人の手中への生産手段の集積、自分のためではなく資本家のために働く労働者大衆の搾取が現存していること明らかにし、機械制大工業に比べてのこの制度の特殊性は、ただ技術の未発達と労働者によるかけらほどの土地経営の保持にすぎない、と強調した(1)。そのうえ農村においても農民の分解が進み、上位はブルジョアジーに下位はプロレタリアートに移行しつつあるとした。

レーニンがナロードニキをこのように厳しく批判したのは、農村家内工業業を「人民的工業」としてそこにみられる階級的矛盾を否定しこれを理想化することは、結果として地主と都市ブルジョアジーの支配を強め、革命運動にはマイナスになるからであったが、これはナロードニキが資本主義の発展法則と本質をまったく理解していないことにたいする批判でもあった。

ナロードニキ批判のいま一つは農村共同体問題であった。ナロードニキは「共同耕作」を「農耕的生産の社会化」と呼び、「株は個人の所有とせず農村共同体の所有とすること」、「住民はこの企業で働き賃金を受け取るが、農村共同体はこの人々に土地とのつながりも保障すること」などを主張し、旧来の制度をよきものとしてその永続を望んでいた。

レーニンはこうした意見は、「収奪のない、搾取のない資本主義、人道的な地主や自由主義的な役人の庇護のもとの資本主義」を欲しているもので、「人間を一つの場所にしばりつけ、ほかならぬ地元の資本主義的企業に彼らを従属させるもの」として厳しく批判した。レーニンが批判したのは、ナロードニキは「農民を土地から切りはなさず、——市場向けの仕事をしながら——競争を生み出さず、資本をつくりださず、住民大衆を資本に隷属させない」ことを望んでいるが、これは「子供じみた願望」で「現実を無視する反動的夢想」に導くだけで、「搾取と抑圧のあらゆる恐怖を伴い活路の可能性をなんらあたえなかった制度」の永続に導くからであった（傍点レーニン）。

つまりレーニンがナロードニキ批判でもっとも強調したかったのは、「ブルジョア的経済が国の経済の基礎となるときは、中世的制度の残存物は資本主義の災厄になおいっそう苦しい災厄、すなわち中世的災厄をつけくわえるだけ」だからであった。労働者の階級闘争を発展させ革命闘争を前進させるには、こうした「中世的な拘束の廃止」はもとより資本主義企業自体の変革が不可欠なことをレーニンは強調したのである。

（注）
（1）レーニン「『人民の友』とはなにか」『マルクス・レーニン研究所訳大月書店レーニン全集』（第1巻）（以下単に『全集』）211ページ。
　以下ナロードニキ批判はとくに断らない限り同書によるが、煩雑を避けるためその都度の引用ページの表示は割愛する（以下の引用の割愛も同じ理由）。

## 2　コペンハーゲン国際社会主義者大会と協同組合問題

　1910年、コペンハーゲンで開かれた国際社会主義者大会では協同組合問題が議題となったが、そこではベルギー案、フランス社会党多数派案（ジョーレス案）、フランス社会党少数派案（ゲード案）の三つの決議案が公表された（1）。その内容は基本的には「プロレタリア的階級闘争の方針」と「小ブルジョア的方針」の二つに分けられたが、それは明確に現れていたわけではなく自然発生的であり、社会主義政党の大会決議が与えるべき内容を完全に示しているものではなかった。とくに会議の多数者の意見には協同組合は階級闘争の真の一手段であり、資本主義のもとでも生産と交換手段の社会化が可能で社会主義を建設できるとする特徴がみられた。

　この多数者の意見にはナロードニキに通ずる特徴がみられたが、ロシア社会民主党代表団はベルギー案を支持する立場から独自の草案を提出した。レーニンによるこの草案では、「あらゆる中間商人による搾取の幅をちぢめ、商品供給者の経営に働いている労働者の労働条件に影響を与え、自己の職員の状態を改善する点で労働者階級の状態を改善する」、「ストライキ、ロックアウト、政治的迫害その他のときに労働者を支持することによって、プロレタリアートの経済的および政治的大衆闘争にとって大きな意義をもつ」として、プロレタリア消費組合を評価していた。また、協議のなかでだされた小委員会草案の修正案について、「（協同組合は）労働者をたすけて生産と交換の民主化と社会化を準備させる」という言葉を、「（協同組合は）資本家階級が収奪されたのちの生産および交換の機能を準備することをある程度助ける」という言葉でおきかえるという修正意見を示した。

レーニンがここで述べているのは消費協同組合についてであるが、注目すべき特徴の一つは、協同組合が階級闘争を支持する立場にたつことにより労働者の労働条件と生活状況の改善に寄与する面があること、そしてそれは資本主義に代わる社会主義を準備する役割ももっている、としたことである。

こうした協同組合の評価と同時にいま一つは、この機能も無条件に認めていたわけではない。それはロシア社会民主党代表団の草案で明らかである。そこでは「社会主義社会を実現できない階級の手中に生産手段があるあいだは消費組合の援助によって達成できる改善はわずかなものでしかないこと」および「消費組合は、資本と直接に闘争する組織ではなくて、他の階級の同種の組織と併存するものであるが……この後者は幻想を生む恐れがある」として、その役割を限定的に考えていたことである。これはナロードニキとの闘争において、レーニンは「農村家内工業」も資本主義的大工業に従属した実態にあることを強調したのと同じであった。

レーニンはこのコペンハーゲン大会の決議に関連し、「プロレタリア協同組合を階級闘争の水路に引き込みはじめた段階をあらわしている」と一定の評価をしつつも、「協同組合はいまでも将来の生産および交換の機能を準備しているが、この機能は資本家が収奪されたのちにはじめて始まることができる」と強調していたのである（いずれも傍点レーニン）。そして、協同組合が社会主義を望まないものに支配されているあいだは制限的な役割すら果たせなくなる可能性も強いため、万国の労働者に対しては、プロレタリア消費組合に加入しあらゆる手段をもってその発展を促進し組織の民主主義を守り抜くこと、消費組合で倦むことのない社会主義的宣伝により労働者のあいだに階級闘争と社会主義の思想の普及をたすけること、労働運動のあらゆる形態のあいだにできるかぎり完全な接近をなしとげること、を呼びかけたのである。

レーニンのこの意見はマルクスと同様、協同組合も社会の全般的条件の変化があって初めてその機能を発揮できるとした思想に基づくものであるが、それ故に革命前の協同組合では権力を資本家から奪取するための階級闘争への参加を重視したことを意味する。このことは後に検討するように、革命後の協同組合が社会主義建設との関係で論じられたのとは異なり、革命前は主として労働者階級の革命闘争との関係で論じられているところにレーニンの協同組合論の注目すべき特徴がある。

なお、日野秀逸氏がコペンハーゲン協同組合決議案に関連し、レーニンが定式化した協同組合運動の総合的戦略は「マルクス・エンゲルス亡き後にヨーロッパの社会主義政党の間に強まった協同組合主義や、政治権力の獲得を抜きにした経済主義を批判するあまりに、協同組合を過小評価してしまう傾向との共存」や「生産協同組合に対する極度に低い評価」はマルクス・エンゲルスとは異なるとされている(2)。この意見は革命前と後では変化するレーニンの協同組合政策の特徴にかかわる指摘として注目すべき意見である。

(注)

(1)レーニン「コペンハーゲンの国際社会主義者大会における協同組合問題」『全集』(第16巻)294。以下コペンハーゲン大会の説明はすべて同書による。

(2)日野秀逸著「マルクス・エンゲルス・レーニンと協同組合」(2010年4月本の泉社)183ページ。

## 3　戦時共産主義前後における協同組合政策

### (1)「さしせまる破局」と協同組合政策

1917年の2月革命のあと4月、6月、7月と、レーニンのいう三つの政治的危機もあり大衆的失業が増大し、ロシアはこれまで経験したことのないような大規模な混乱と飢えに直面した。レーニンがこうした時期に示したのが「さしせまる破局、それとどうたたかうか」(1917年9月)である。

レーニンはここで「どんな演説でも、どんな傾向の新聞にのっているどんな論説でも、どの集会や機関のどんな決議でも、破局と飢餓を克服し、それを阻止する基本的な主要な方策を認めていないものはない」と、社会主義革命直前の深刻な状況について述べた。そしてこの状況への具体的な対応策として、a　国家による統制、監督、記帳、規制、b　物資の生産と分配における労働力の正しい分配、人民の力の節約、c　あらゆるむだづかいの除去、力の節約、を示し、「統制、監督、記帳――これこそ、破局および飢饉との闘争における第一の要点である」と強調した(1)。

それにもかかわらず銀行家や資本家は口先では統制の「原則」を認めるが、実際は「漸進的」や「国家の調整」などを主張してサボタージュし、統制や監督や記帳をぶちこわしていることをレーニンは厳しく批判した。そして「銀行の国有化」、「シンジケートの国有化」、「営業の秘密の廃止」、「工業家、商人、一般経営者を強制的に団体に統合すること」と同時に、「住民を強制的に消費組合に統合するか、またはその種の統合を助成し、それを統制すること」という5項目の統制方策を提示したのである。

そのうえで飢餓が迫っている現在、とくに協同組合（ここでは消費組合）については、食糧消費を規制し「大衆的」食糧の均等な配分が必要となっているので、パンの切符制だけでなく「全住民を消費組合に強制的に統合すること」や「金持ちに無償の労働義務を課して消費組合の書記業務」をさせることなどを改めて強調した。つまりレーニンがここで示したのは、「さしせまる破局」への対応という厳しい状況下での非常事対策であったとはいえ、協同組合を食糧配分組織として国家機関化するものであったが、これは組合員の自発的参加と自治的運営を基本とした本来の協同組合の在り方とは矛盾するものであった。

しかもこの「協同組合の国家機関化」は単なる非常事の対策というだけでなく、革命後の協同組合は革命政権を維持するためにその機能を発揮すべきであるとする考えに基づいていた。10月革命後レーニンは、とくに言葉ではなく実践によってこたえることを重視し、プロレタリア政権では非常に困難なこととしながらも、「もっとも精密で良心的な記帳と統制」および「物資の生産と分配の労働者による統制」の一層の徹底を強調し(2)、それを実施する組織として協同組合を位置づけたのである。ただ「さしせまる危機」にあったとはいえ、革命新政権の維持を最優先し協同組合の国家機関化を目指すことは、本来の協同組合のあり方としては問題なのはいうまでもない。

レーニンはつねにプロレタリア執権とともに「記帳と統制」を掲げていたが、それの理由は「記帳と統制」なくしてはプロレタリア政権の維持も困難なので、革命政権を維持する上でこれは避けて通れない課題であったからである。レーニンは社会主義制度の有利性を訴えながら、前述した「もっとも精密な、もっとも良心的な記帳」はプロレタリア政権で初めて可能であるとしたが、それはこの「記帳と統制」に「労働者農民大衆が自発的に、誠実に、情熱をもって協力することだけが資本主義に打ち勝つことができる」からであるとする認識からであった(3)。

こうした「記帳と統制」の革命政権における位置づけと同時に、資本主義を打倒したあと旧政権の国家施設に如何に対応するか、ということも重要な実践的課題となった。これに関しレーニンは、国家の銀行やシンジケートと結びついた記帳＝記録活動をおこなう機関は社会主義を実現するために必要だが、まず「資本家およびその影響の糸を断ち切り、切りはなし、切りとる」こと、そのうえで「資本主義からできあがった形でひつぎ」、「（それを）もっと巨大な、もっと民主的な、もっと包括的なものにつくりかえる」(4)ことを、新社会主義政権の政策として重視したのである（傍点レーニン）。

レーニンがここで述べていることは、マルクスが「フランスにおける内乱」で述べていた「労働者階級は、できあいの国家機構をそのまま掌握して、自分自身の目的のために行使することはできない」という考えを発展させ、旧国家機構を破壊し、新しい機構に代えなければならないことを示したものであった。実際、レーニンは「国家と革命」で、とくに官僚的＝軍事的国家機構の破壊は「あらゆる人民革命の前提条件である」と強調していたのである。

不破哲三氏はレーニンのこの「国家機構の破壊論」については矛盾があるとする。そして共産党宣言などを紹介しながら、「労働者階級は、できあいの国家機構をそのまま使えない、これを労働者階級の利益のために行使するようにするには、必要な『変革』あるいは『改造』の措置をくわえなければならない」とするのがマルクス、エンゲルスの率直な見方だとされているが(5)、これはマルクス、エンゲルスの革命における国家問題を正しく理解するうえで重要な指摘である。

いずれにしてもこうして旧国家機構はそのまま運用できないとしながらも、レーニンは併せて「そのなかにある抑圧的なもの、因習的なもの、ブルジョア性のぬきがたいものをすべて打ちくだき、そのかわりに彼ら自身の新しい機関をつくりだすことができる」とも述べていた。そのうえで、ひとたび人民の多数者自身が政権につき国家権力が人民的になればなるほど「抑圧のための」国家機関は必要なくなり、死滅するとも述べていたのである(6)。

以上から明らかなように、レーニンは新しい社会主義の発足における旧政権の諸制度・諸施設への対策として、まず、「旧政権のあらゆる影響を完全に断ち切ること」を優先課題とて強調していたが、しかし同時にこの資本主義からの「遺産」を「社会主義的につくりかえる」ことも課題となっていたことを考えると、不破氏も指摘されているように、この「遺産」を「断ち切る」などとした対応には問題があったといえる。

いずれにしても、こうした政策に基づきレーニンは、ソヴエト政権になっても資本家と同様に社会主義に反抗する人間も一部にはいるので職員組合、労働組合、消費組合についてその「監視と包囲」を呼びかけ、改めて「記帳と統制」を徹底したのである。

## (2) 戦時共産主義期の協同組合政策

### ①ブレスト講和条約と協同組合による「記帳と統制」の徹底

ロシア共産党は1918年3月に開催した第7回大会でブレスト講和条約を承認したが、その直前の

2月、レーニンはプラウダに「社会主義の祖国は危険にさらされている！」を発表した。そこでは「ドイツ軍国主義は、あらゆる国の資本家の依頼をはたして、ロシアとウクライナの労働者と農民の息の根をとめ、土地を地主に、工場を銀行家に、権力を君主制にかえすことをのぞんでいる」とした。そしてこれに対抗し、「国のすべての力と手段をことごとく革命的防衛の事業にまかせる」、「すべてのソヴエトと革命組織には最後の血の一滴まで各自の立場を守る義務がある」（傍点レーニン）ことを人民委員会議の決議として訴えた(7)。

前述したように、レーニンは社会主義革命の直前には「せまりくる破局」と闘ったが、ここで述べていることは、革命後も世界初の社会主義政権は諸国の干渉戦争により困難な状況にあったことを示している。

しかし「きわめて過酷な、またきわめて不安定なものではあった」が、国内の強い反対を押し切り締結したブレスト条約は新政権に「息つぎ」を与えた。そこでレーニンはこの間に、社会主義革命のもっとも重要でもっとも困難な事業に真剣に取り組むことを重視し、そこで示されたのが「ソヴエト権力の当面の任務」（1918年4月）であった(8)。

このなかでレーニンは、「社会主義の物質的条件、全人民的な規模での労働生産性を高めること」を目的に、「物資の生産と分配の全面的、国家的な記帳と統制を組織すること」を強調した。そうしなければ「勤労者の権力も自由ももちえないし、資本主義のくびきのもとへの逆戻りは**避けられない**」（傍点とゴシックはいずれもレーニン）からであった。その特徴は、プロレタリア政権がおこなう労働者の統制は資本主義国家がおこなう国家的統制とは異なり、社会主義政権への移行に必要な不可欠な過程であると位置付け、この思想を大衆のなかにうえつけることを重要な課題としたことであった。そして全人民的な、すべてを包括した記帳と統制をおこなう組織として協同組合（消費組合）を位置付けたのである。

この政策に基づいて新たに消費協同組合令が公布された。そこでの注目すべき特徴はこの消費協同組合令はブルジョア協同組合との妥協であるとしたことである。具体的にみるとその一つは、「ブルジョア協同組合の代表者が法令の審議に参加したばかりでなく、表決権も事実上獲得したこと」、いま一つは「無料で協同組合に加入するという原則（唯一の徹底的にプロレタリア的な原則）」や「地方の住民を一つの協同組合に統合するということ」をソヴエト政府が断念したこと、の二つを内容として掲げたことであった。その上でレーニンは、「この階級の廃絶という任務に応じた、プロレタリア的な原則にそむくことによってではあるが、『労働者の階級的協同組合』は存続する権利を与えられた。……協同組合の理事からブルジョアジーを完全にしめだそうというソヴエト政府の提案も非常に弱められ（た）」と述べていた。

直前の同年3月に開催した第7回大会では、「全住民を消費＝生産コンミューンに強制的に組織すること」を「ソヴエト権力についての10のテーゼ」で明記していたので、この消費協同組合での妥協はレーニンにとっては大変な決断であったといえる。その理由についてレーニンは、行動するプロレタリアートが記帳と統制の基礎だけでも整えることができていたらこの妥協の必要はなく、「プロレタリア的に指導されたただ一つの協同組合に住民を統合できておれば、ブルジョア的協同組合の助けを借りることや純ブルジョア的な原則に譲歩することもなかったであろう」と述べていた。そして社会主義建設の事業の成功を測る尺度として協同組合の発展を掲げ、協同組合が一体どれくらいの数の共同体で、またどの程度、全住民をとらえるかを極めて重視したのである。

ここで明らかなことは、レーニンは全住民が加入した地域にただ一つの協同組合を唯一のプロレタリア原則と考えていたが、実際の政策ではブルジョア協同組合と妥協せざるを得なかったことである。その理由は当時の「全世界でまったくひとりぼっち」の革命政権にとっての最大課題である全住民への物資の供給と分配を徹底するため、全住民を巻き込んだ協同組合の国家機関化を図ったが、結果としてその目的が十分に果たせなかったこと、そのため僅かな「息抜き」の期間を活用し、ブルジョアと妥協した協同組合対策を目指したことにあったといえる。そしてこの「妥協」はそれまでの国家機関化と比較すると、協同組合の本来の在り方に通ずる「妥協」であったということもできる。

### ②社会主義建設と協同組合の役割

レーニンが示したブルジョア協同組合との妥協政策は、1918年11月に開催されたモスクワ中央労働者協同組合代表者会での演説でも示されていた。ここでレーニンは、資本主義権力のもとでの協同組合は人民の利益を個々のグループの利益に変え、自分の小ブルジョア的利益にしたがい中農を統合していたが、それでも疑いもなく大衆の自主活動を発展する仕事をしたとして、「高く評価して利用すべききわめて大きな文化的遺産である」とした[9]。その上で「協同組合は国有化を解かれ復興されなければならない」ことや「協同組合がつくりだした大衆の自主活動を活用すること」を重要な課題として強調したのである。

これは協同組合政策としてきわめて当然なことであるが、レーニンがブルジョア的と批判していた協同組合をこのように位置づけたことは、逆にいえば全住民への物資の配給と分配を確保するためには、農民の協同組合への自主的参加が新政権にとっては如何に重要であったかを示していたといえる。

このように協同組合政策には変化の兆しがみられたが、この時期のレーニンの最大の目的はしっかりしたプロレタリア政府を確立することにあったのはいうまでもない。そのためには一層の体制強化が必要で、協同組合についても、「ブルジョア協同組合的な供給と分配からプロレタリア共産主義的な供給と分配」にうつすことを政策目標とした。これはプロレタリア政府の確立からいえば協同組合のコンミューン化を意味し、このため古いブルジョア的な協同組合を新しい真のコンミューンへ移ることを目指したものであったが（傍点レーニン）[10]、これは協同組合の国家機関化というそれまでのレーニンの意向を示したものであった。

レーニンがこの考えを一層明確にしたのが、1919年3月に開かれたロシア共産党（ボ）第8回大会であった。ここでレーニンは、ロシアにおけるプロレタリア執権の基本的任務は「地主とブルジョアジーの収奪、すべての工場、鉄道、銀行、船体、その他の生産手段と流通手段のソヴエト共和国財産への移転を、最後まで遂行し、完成すること」(11)におき、第8回大会の任務はそれを改革する基本方針を決定することにあるとした。

しかしこの時期は「ロシアと世界のプロレタリア革命にとってきわめて困難な、複雑な、特異な時期」であったので(12)、第8回大会はそうした時期における綱領決定は重要な課題ではあったが、そのなかで協同組合については、改めて全住民が参加した単一の消費コンミューンの組織化を目指すとされたのである。

具体的には、協同組合は綱領草案の分配問題との関係で方針が示されたが、そこでは「分配の分野では、現在ソヴエト権力の任務は、商業を、全国家的な規模での計画的・組織的な生産物分配に代えることをたゆみなくつづけていくことにある。その目標は、全住民を消費コンミューンの単一の網に組織することである」とし、この消費コンミューンは「分配機構全体を厳格に集中してすべての必需物資を分配するようにすること」が明記されていた。そしてこの目的のため、唯一の大衆的な計画的分配機構、資本主義から遺産として引き継いだ機構である協同組合について、「ソヴエト食糧機関が利用すること」がもっとも重要な課題であると強調していたのである。

レーニンがここで重視したのは協同組合を共産主義的に一層発展させることであるが、そのため綱領草案として次のことを具体的に提示した。

「すべての党員に、協同組合内で働き、労働組合の助けも借りて、共産主義の精神で協同組合を指導する義務を負わせること。協同組合に統合された勤労住民の自主活動と規律を発展させること。全住民が協同組合に加入するよう、上から下までソヴエト共和国全体を包括する単一の協同組合に融合するようにすること。最後に、これがもっとも肝心なことであるが、他の勤労層にたいするプロレタリアートの優位性がたえず確保されるよう、また古い資本主義型の小ブルジョア的協同組合からプロレタリアと半プロレタリアの指導する生産＝消費コンミューンへ移行することを容易にし、実現するようなさまざまな方策をいたるところで実地にためすようにすること」

この綱領草案には重要な特徴がみられる。その第1は商業を「生産物分配組織」に変革するとし「商業の廃止」が目指され、協同組合がそれに代わる機能を持った計画的な分配機構とされていることである。そしてソヴエト食糧機関がこの協同組合を利用することを重視していることは、これまでも指摘した協同組合の国家機関化を制度的に強化したものであるといえる。

第2は協同組合を共産主義的に発展させるうえでも組合内でのプロレタリア思想の普及、宣伝と共産主義思想による活動が重視されていることである。これは旧制度のもとにあった協同組合の利用について、首脳部はブルジョア的経営方法を身につけているとして反対意見があり、レーニン自身も資本主義社会から引き継いだ協同組合にはブルジョア社会の精神がしみ込んでおり、その払拭が重要と考えていたためである。プロレタリア精神に基づいた生産＝消費コンミューンを創りあげるためには、そこに働く労働者自身の思想改革が不可欠な課題であったのはいうまでもないことである。

第3はこれまでも強調されていた地域の全住民が加入した単一の協同組合が目指されていることである。レーニンはこの第8回大会の中央委員会報告で中農と小ブルジョアへの対応について多くの時間を割き、彼らは複雑な状況のなかでは動揺的で政治的にも二股をかける特徴があることを指摘した。その上で、「彼らに社会主義への信服を求めるわけにはいかない」と述べ、「（彼らは）他にどのような道もないことを確信するときはじめて社会主義へすすむ」ので、こうした層への対応は非常に慎重でなければならないとし、思想的な働きかけや死活問題についての事務的な協定を重視した。そしてソヴエト共和国建設にとってはこの層を社会化された集団的なプロレタリア思想になるよう指導する必要があったが、こうした中農層や小ブルジョア層の参加を確保し協同組合の生産＝消費コンミューンへの移行をはかるためには、ソヴエト権力による全住民加入の単一の協同組合が必要とされたのである。これは「戦時共産主義的」協同組合対策ということもできるが、そこにこの時期の協同組合対策が集約されていたといえよう。

（注）

（1）レーニン「さしせまる破局、それとどうたたかうか」『全集』（25巻）349ページ。以下の説明はすべて同書による。

（2）レーニン「ボリシェウイキは権力を維持できるか？」『全集』（第26巻）94ページ。以下の説明も同書による。

（3）レーニン「競争をどう組織するか」『全集』（第26巻）419ページ。

（4）（2）に同じ。96ページ。

（5）不破哲三「議会の多数を得ての革命」（2004年7月　新日本出版社）61ページ。

（6）レーニン「国家と革命」『全集』（第25巻）449～453ページ。

（7）レーニン「社会主義の祖国は危険にさらされている！」『全集』（第27巻）16ページ。

（8）レーニン「ソウエト権力の当面の任務」『同右』241ページ。以下の説明はすべて同書。

（9）レーニン「モスクワ中央労働者協同組合代表者会議での演説」『全集』（第28巻）203～204ページ。

（10）レーニン「ブルジョア協同組合的な供給からプロレタリア共産主義的な供給と分配へうつる諸方策について」『同右』478ページ。

（11）レーニン「ロシア共産党（ボ）綱領草案」『全集』（第29巻）91ページ。

（12）レーニン「ロシア共産党（ボ）第8回大会」『同右』129ページ。以下、同大会の説明は同書による。

## 4　ネップ期の協同組合政策

### （1）割当徴発から食糧税への転換と協同組合

１９２１年3月、ロシア共産党（ボ）第10回大会が開催された。レーニンはこの中央委員会報告でそれまでの3年半は全世界の資本家と帝国主義者に囲まれた未曾有に苦しい3年半であったが、現在はこの領土に敵軍がいないとを強調した。しかしそれは完全な勝利ではなく、今後帝国主義者の侵攻と干渉から国を守るためにも、これまでの革命の経過の原因や誤りから教訓を引き出す必要があると述べた。そして活動の基本点の第1は戦争から平和への移行がはじまった情勢での活動として提起された重要な政治課題の一つに食糧問題があった(1)。

そこでは破壊的な帝国主義戦争とその後の内戦という危機に直面して、国を、軍隊を、労農権力を救うために農民から余剰食糧を徴収したが、その結果農民経済の衰弱、播種の低下、生産手段の悪化、収穫率の低下、労働力の不足などがみられ、とくに１９２０年の不作と飼料不足、家畜の斃死などにより農民経済が信じがたいほどに悪化したことを率直に認めた。そしてプロレタリアの執権を達成するためにも、農民経済の生産力を高め、燃料とともに食糧を確保する必要があると強調した。そのため提示されたのが割当徴発の廃止と食糧現物税の導入であった。

レーニンはロシアでは労働者と農民の協定だけが社会主義革命を救うことができるが、それには農民の要求を満足させるため一定取引の自由、小経営主の自由が必要であることを強調した。これは割当徴発は戦時情勢の国家存立のため必要であったが平和時の条件には適合しなくなったので、小農存立保障のためにも割当徴発から食糧税になれば農民は余剰農産物を自由に処分でき、この余剰をあらゆる農産物と自由に交換できるようにするためであった。具体的には政策的に小農経営が自分で計算し生産をよりよくするようにし、生産規模を確定し地方的取引で自由に交換できるようにすることであった。これは「一定の取引の自由、私的な小経営者の自由」と「商品と生産物の供給」の二つが重要なことを意味し、商品と生産物の供給がないと自由な取引もできないことは当然のことだからであった。

この政策は戦時共産主義情勢のもとでの商業否定方針を平和時に適応するよう転換することを意味したが、同時に、レーニンにはロシアに極度に固有な特殊的な問題としてプロレタリアートが少数で小農民的生産者が大多数である国で革命を擁護するためには、この大多数の小農民的生産者を労働者階級との同盟に参加させることが不可欠だという認識があったからである。

この政策理念はロシア共産党（ボ）第10回全国協議会の報告で明らかである。そこでは次のように述べられていた(2)。

「われわれが、割当徴発でなく税を農民にたいする態度の基盤としなければならないというばあい、この政策の主要な経済的規定者はいったいなんだろうか？それは、割当徴発のもとでは農民の小経営が正常な経済的土台をもたず、長い年月のあいだ生気のないものにとどまり、小経営は存立することも発展することもできないということである。……その結果、われわれには経済的土台がなくなる（が）、われわれにはこれ以外の土台はなく、これ以外の源泉はない。国家の手に大量の食糧予備が集中していなければ、大工業のどんな再建も問題になりえない」

こうしてレーニンは、先進国と比べてみじめな現状にある大工業を発展させる上でも燃料とともに食糧の確保を重視し、戦争時に商業と工業を国有化し地方取引を停止したことは誤りであったと率直に認めた。そして取引の自由は商業の自由であり資本主義への後退を意味するが、政治権力がプロレタリアートにあり原則的な方向として交換は「地方経済的取引の範囲内」であることを示して実施すれば、小農民的生産者を活気づけることができると強調した。

レーニンが食糧税において農民問題を重視した理由は、もっとも重要な、第1のもっとも緊急な、もっとも難しい農民経済問題への対策を通じて、はじめてプロレタリア執権の強化が可能だからであった（傍点レーニン）(3)。そして割当徴発から食糧税への変更は、「極度の窮乏と荒廃と戦争によって余儀なくされた独特の『戦時共産主義』から、正しい社会主義的な生産物交換へ移行する形態の一つである」と位置付けたのである。

レーニンは一面では「戦時共産主義政策」の功績を述べながらも、「それは余儀なくされた政策でプロレタリアートの経済的任務に応じた政策ではなかったし、またあり得なかった。それは一時的方策であった」とし、それをプロレタリアートの任務に応じて転換したのが食糧税で、社会主義の完全な勝利への過度的政策であるとも述べていた。

こうして地方経済取引の範囲内としながらも自由取引を基調とした食糧税が導入されたが、これはそれまでの食糧機構により食糧の一定量をある意味では一律に集めるだけを任務としていた政策から、地域の差異、生産物への要求と価格などを考量したより具体的な食糧確保政策への転換を意味した。同時にいま一つ注目すべきことは、協同組合を食糧人民委員部に従属させていたこれまでの政策は政治的な誤りであったとし、改めて協同組合の機構と役割が極めて重視されたことである。これは協同組合が資本主義から残された残存物を抱えながらも、食糧分配機関としては地方的経済取引にも必要な最良の機関であるとした認識に基づいていた。

この協同組合重視についても小ブルジョアジーや資本主義が不可避的に強くなるという批判があったが、レーニンは前第9回大会の決議を廃止し、割当徴発が食糧税に代わるのに対応してこれまで法外に規制されてきた協同組合政策の転換を図ったことを意味したが、それは「戦時共産主義的」協同組合政策の転換でもあったのはいうまでもない。

レーニンが社会主義への移行に際し農民を重視し、食糧の国家徴発を食糧税に転換しそれを担う組織として協同組合に注目したのは、レーニンには社会主義建設は現代科学の最新の成果にもとづいて築かれている資本主義的技術や物資の生産と分配の統一的な国家組織の活用なしには成功できないという認識があったからである。それが食糧の生産と分配組織についていえば協同組合の機構と役割の重視だったのである。

このようにレーニンが食糧税で協同組合を重視したのは、ロシアのように小農民が優勢な国では食糧税に必要な記帳、統制、監督を統一的におこなう機関として協同組合がもっとも相応しいと考えたからであった。ロシアの協同組合にも不可避的に、小ブルジョア的な、資本主義的な諸関係を生み出し発展させている面があったが、「協同組合的」資本主義は、私的資本主義とはちがって、ソヴエト権力のもとでは国家資本主義の一変種であり、私的資本主義より有利で有益であるとする認識からであった。

いずれにしてもこの第10回大会後の「食糧税について」において、レーニンは初めて「戦時共産主義」という言葉を使い、その時期の政策を大胆に転換したところに重要な特徴が指摘できる。これを協同組合政策についていえば、地域的範囲内ながらも自由な市場取引を前提に、農民の自由意志で生産物の生産と販売ができるようにしたことであり、このため協同組合も国家機関から本来の趣旨に基づいた自発的で自主的組織としての権限が拡大され、活動ができるようになったことを意味していた。

ただ、レーニンは食糧税徴収は非常に困難な取り組みであることも十分に認識していた。したがって、そのための機構が必要であり、「そこには自由主義的な言辞を弄したり、食糧監督制はひどく不愉快なものとするのはあたらない」とし、「強制をもちいないでも税がえられるといったような『共産主義』は、私の知るかぎりでは、まだ存在しない」とも述べていた。したがってここで示された「自由度」についても、レーニンは「相当程度許容する方向」としているが(4)、まだまだ制限的であったことにも注目しておく必要がある。

これは第10回大会で示された「新経済政策の諸問題についての決議草案」でも明らかである。この草案の12項目の「3」で協同組合対策について次のように規定していたが、そこでは協同組合による自由な商品交換も決して「無政府主義的」であってはならず、国家の統制と監督のもとにあることが明記されていたのである。

「協同組合を、商品交換を実行する基本的な機構とみなして、食糧委員部の諸機関と協同組合の諸機関とが契約をむすび、前者が後者に商品交換用の予備をわたして、国家権力の課題をその監督のもとに実現させる政策を、正しいと認めること。

調達をおこない、地方的工業を全面的に発展させ、一般に経済生活を高揚させる広範な可能性を協同組合にあたえること。

協同組合の信用業務を支援すること。

正常な自由商業をけっして妨げないで、商品交換を主として協同組合に集中することによって、無政府主義的な（すなわち、国家のあらゆる統制と監督をのがれる）商品交換とたたかうこと」

ここで示された国家の統制と監督の下での食糧確保とそのための協同組合政策は、依然としてソヴェト共和国にたいする国内的国際的な脅威が存在するという、未曾有な困難ななかでやむを得ない不可避な政策であったということもできる。

### （2）レーニンと「協同組合について」

レーニンは「10月革命4周年によせて」（1921年10月）でソビエト体制は労働者と農民のための民主主義の極致で、ブルジョア民主主義との断絶を意味し、世界史的な新しい形のプロレタリア民主主義の発生であることを強調した。そしてその過程で失敗や誤りがあったことを率直に認めるとともに、世界史全体で新しい仕事をする上ではそれは避けることができないことであったが、その誤りを真剣に見つめて是正する必要があるとした(5)。

いうまでもなく「新経済政策」はこうした考えに基づき、もっとも困難だが重要でもあり、しかも未完成な事業である経済建設で失敗も誤りもないように小農民的な国に社会主義的建築物を建設するための政策であったが、「協同組合について」もそうした政策の延長線上にあったということができる。

ここで示されているレーニンの理論の第1の特徴は、あくまでも社会主義建設との関係で位置づけた協同組合を問題としていることである。それは「『協同組合』の原則の社会主義的な意義がありとあらゆる人々にわかるようなやり方で展開する手段」を重要な課題としていたことからもいえることである(6)。このように協同組合を重視するのは、農民にとってできるだけ簡単で、容易で、わかりやすい方法で新しい秩序に移行するという面で協同組合は重要だからである。このため真の住民大衆が実際に参加するような協同組合取引を目指し、国家資金を重工業と同じくらい協同組合に貸し出すことを奨励することが強調されている（傍点レーニン）。そこには小農民国ロシアで社会主義を建設していくためには圧倒的多数の農民の参加が必要不可欠で、そうした観点から協同組合の役割が重視されていたといえる。

第2は協同組合企業（傍点筆者）の特徴に注目していることである。レーニンは資本主義国家のもとでは協同組合は集団的な資本主義的施設であるが、協同組合企業には私的企業とは異なる集団的企業という特徴があるとし、社会主義的企業とは異ならないとも述べていた。

レーニンはオウエン以来の古い協同組合活動家は労働者階級による政治権力の獲得、搾取階級の打倒の基本問題を考慮しなかったとして批判していたことは既に述べたが、一方では搾取者の支配権力が打ち倒された現在、協同組合の成長も社会主義の成長と同じであると述べていた。これは社会主義を建設する上では、単なる食糧の統制・分配組織以上の役割が協同組合に期待されていたことを示していたとみることができる。

第3はこうして協同組合の発展を目指す上では、農民の受動的ではない能動的で自由意志による参加が重要なことが強調していることである。そのため協同組合に参加することがどんなに有利かを理解できる「開化した」（なによりまず読み書きできる）農民をつくりあげことを強調した。それにまる一時代かかるとしても、住民1人残らず読み書きできるようになり、教養ある商人として、アジア的ではなくヨーロッパ的商売ができるようにすることを目指すとした。そのため旧機構の改革と同時に農民の文化活動を重視し、完全な文化革命なしには完全な協同組合化も不可能なほどであるとも述べている。これは当時のロシアにおける農民の実態に基づいた意見であるとはいえ、そこには協同組合を単なる経済組織としてだけでなく、住民の人格形成への機能ももった組織としての認識もあったということもできる。この協同組合の機能についての見解は現代でも重視すべき課題である。

いずれにしてもレーニンは、「理論活動の最後の最後に」社会主義建設において本当に重要なのは住民が自由意志に基づいて参加した協同組合であるという結論に到達するが、多くの試行錯誤を経て到達したこの結論は、「マルクスとエンゲルスたちと同質のものであった」のである(7)。

(注)

(1)レーニン「ロシア共産党（ボ）第10回大会」『全集』（第32巻）173ページ。以下とくに断らないが食糧税については同書による。

(2)レーニン「ロシア共産党（ボ）第10回全国協議会」『同右』。439ページ。以下の説明は同書による。

(3)レーニン「食糧税について」『全集』（第32巻）368ページ。以下食糧税に関する説明は同書による。

(4)レーニン「第三回全ロシア食糧会議での演説」『同右』474ページ。

(5)レーニン「10月革命4周年によせて」『全集』（第33巻）37ページ以降。

(6)レーニン「協同組合について」『全集』（第33巻）487ページ以降。

(7)日野秀逸著「マルクス・エンゲルス・レーニンと協同組合」（2010年4月　本の泉社）。307～308ページ。

# III　多数者改革と協同組合の機能と役割

# 第6章　現代社会の特徴と多数者改革

## 1　社会改革の基本的課題

既に述べたように、オウエンはニュー・ラナークの「統治」で日常品店舗、教育施設（学校・託児所）、共同の炊事所と食堂および学習室などを整備した。これは「物質的貧困」は「精神的貧困」の原因でもあるとの認識から、「環境」を改善することにより「意識」の改革を目指したためであった。またサン・シモンは農耕者、車大工、錠前工など国民の25分の24を占めている産業者主導の新社会の創設を主張するとともに、出生に基づくあらゆる権利と特権に反対し、個々の人間が本来もっている自由の拡大を主張した。そしてフーリエは農業組合の設置や家庭労働の合理化を目的とした産業的協同社会を提示し、日常的な労働の軽減とともに本能的自然的欲望を充足することを人間生活の本来の在り方として重視した。

この3人の取り組みはそれぞれ注目すべき特徴があるが、いずれも経済的社会的弱者の過重労働と低賃金、長時間労働、貧困、失業などの災厄を改善し新しい社会を目指したことでは共通していた。そしてこの災厄が基本的には資本主義に起因していたにもかかわらず地域的な狭い範囲における個人的な実践により改善するということでも共通していた。このためエンゲルスはこの3人の意見は「ある特定の階級を解放しようとはせず、いきなり全人類を解放しようとした」として、空想的社会主義者として批判したことは既に述べた通りである。

しかしエンゲルスは批判するだけでなく、この3人の意見は階級闘争が未熟な段階における未熟な理論で、解放の歴史的条件も個人的工夫による空想にゆずらざるを得なかったので、この空想を真に克服する途は唯物史観にあることも併せて強調したのである。

エンゲルスは「世界全体とその発展、人類の発展、そしてまた人間の頭のなかでのこの発展の映像を正確に表すことは、ただ弁証法的な道によってのみ達成できる」(1)とした。そして原始状態を別にすれば、これまでのすべての歴史は階級闘争の歴史であるが、この階級闘争はその時代の経済的緒関係の産物なので、それぞれの歴史的時期の法的および政治的諸制度などの上部構造の全体はこの経済的土台から説明されるべきであると強調した。そのうえでヨーロッパの先進国ではブルジョアジーとプロレタリアートが現れ、資本と労働の利害は同一であるとする理論が崩れて資本主義経済の本質が暴露されるようになっているので、プロレタリアートの階級闘争による革命での改革を主張したのである。

現代の多様な災厄もオウエン、サン・シモン、フーリエが改善を目指した労働者などの経済的社会的弱者の災厄と同様基本的には資本主義に起因しており、しかも経済がグローバル化している現在、それは多国籍企業主導の災厄となっているので社会改革でもその認識が重要である。

これを基本にしながらもいま一つ強調したいことは、これまで述べたマルクス、エンゲルス、レーニンの意見は主として社会主義革命と革命後の政権の安定的発展に果たす協同組合の役割についてであった。しかし現在は、一部の国を除いて世界の大多数の国では社会主義革命と社会主義体制の確立が課題とはなっておらず、大多数の発達した資本主義国では低賃金と過重労働の解消、経済的社会的格差の撤廃、人権の確立、教育の平等などの民主主義的課題（以下「民主的課題」）が目標とされていることである。これは資本主義制度を革命により根本的に変革し、社会主義・共産主義を実現するための経済的土台と改革主体の意識が未だ成熟しておらず、当面する課題の民主的改革が問題となっていることを示すものである。そしてこうした民主的課題の改善には「自覚した少数者」ではなく、多数者の参加による大衆的な取り組みが不可欠でありまた効果もあることはいうまでもないが、わが国を含め先進国で選挙により国会で安定した過半数を得て国政を改革することが目指されているのもそのためである。

いずれにしても現在、社会改革を進める上で重要なことは、改善すべき災厄が本来的には資本主義に起因することを認識しつつ、具体的実践的には民主的課題への取り組みが求められていることである。そしてこの民主的課題は協同組合の価値と原則とも共通した側面があるので、協同組合の社会改革への取り組みの重要性は一層高まることになる（後述）。

（注）
（1）エンゲルス「空想から科学への社会主義の発展」『全集』（第19巻）２０２ページ。

## 2　現代社会の特徴と対応の課題

現在、世界的には地球温暖化と環境保全、核兵器廃絶、ジェンダー平等など多くの課題があるが、ここでは現代社会を改革するうえで経済構造とも関連しとくに重要と思われる特徴について検討したい。

### (1) 産業と社会階層の多様化

現代社会の特徴の一つは、資本主義の草創期とは異なり産業が極めて多様化し、それに応じて国民の社会階層も多様化していることである。産業の多様化についていえば、農業などの第1次産業だけでなく第2次産業も従事者、生産額ともに国民経済における割合が相対的に低下し金融、サービス、医療、教育、福祉などのウエイトが高まり、多様な自由業者の増加やグローバル化に応じ国内住民の国籍も多様化している。またそれぞれの産業内では就業形態が多様化し正規雇用と非正規雇用、一般職と専門職など多くの職種がみられるが、コロナ禍を契機にテレワークによる在宅勤務の増加など、働き方の変化も進んでいる。

こうした就業形態と社会階層の多様化に関し、一例としてイギリスにおける階級調査報告が注目に値する。その詳細について述べる余裕はないが、この調査の特徴は社会階層を経済資本、文化資本、社会関係資本の三つの要素に区分し、その特徴を検討していることである(1)。ここでいう「経済資本」は

「所得のほかに貯蓄、年金受給資格、不動産資産などの潜在的金融資源」も含めたものであり、「文化資本」は音楽、美術・絵画の嗜好と鑑賞、観劇などへの興味・参加を意味し、「社会関係資本」は「社会的ネットワーク、友人関係、参加集団などとの関係」を示すものである。

この三つの資本区分で検討した結果、イギリスでの社会階層は「エリート」（すべての資本をもつ。人口の6％。この数字は人口比で以下同じ）、「確立した中流」（エリートの次に三つの資本が多い。25％）、「技術系中流」（技術的に裕福で社会関係資本が少ない。6％）、「新富裕労働者」（比較的裕福で文化資本が少ない。15％）、「伝統的労働者」（3資本とも少ないがバランスはいい。14％）、「新興サービス労働者」（若く貧しいが残り2つの資本は豊か。19％）、「プレカリアート」（資本に恵まれない。15％）の、7階級に区分できるという。

現在でも資本と労働の対立が基本的矛盾なのは否定できないことなので、この階級区分の理念については必ずしも賛成できないが、前述したように現在の先進国で多様化している国民を一定の基準にしたがって分類し、その実態を示したことには意味あるといえる。これはイギリスの例であるが、こうした社会階層の多様性は多くの先進国でも共通して指摘できることである。

## （2）格差の拡大

現代社会のいま一つの特徴は産業と就業形態などの多様化を反映し、国民各層の所得をはじめとする格差が拡大していることである。わが国でも非正規労働者が雇用労働者総数の37・3％に達しているが（2017年）、この非正規労働者の賃金は正規労働者に比べて著しく低く、平均して約3分の2のが実態である。また周知のように、アメリカでも「1パーセントの1パーセントによる1パーセントのための政治」が行われ、それが「ウオール街を占拠せよ」運動に参加した人々の「我々は99パーセントだ」のスローガンとなった(2)。これはアメリカにおける圧倒的多数であるが貧しい99％を顧ない政策が実施されているため、その99％が抗議運動を実施したことを示しているが、こうした格差はアメリカだけでなく程度には差があるが先進国をはじめ世界の多くの国に広くみられ、しかも近年一層拡大していることは周知の通りである。

この格差問題についてトマ・ピケティは18世紀以降の世界の富と所得の分配問題を膨大な資料に基づいて分析し、長い資本主義の歴史の中で格差が拡大していることを具体的に示した。そのうえで「格差の歴史とは、激動の社会変化を受け、経済的要素以外に、無数の社会、政治、軍事、文化現象に突き動かされた、常に混沌とした政治的な歴史である」(3)と述べている。そして富の世界的な動学の研究での一つだけ確かな結論として、「近代的成長、あるいは市場経済の本質に、何やら富の格差を将来的に確実に減らし、調和のとれた安定をもたらすような力があると考えるのは幻想である」(4)と強調している。つまり資本主義の市場経済そのものに格差の原因があるとし、所得や富の少ない層が固定化するのは経済にとって大きなマイナスなので、それを防ぐためには世界的な累進的資産税が必要であるとするが、それだけではなく「民主主義にとっても深刻な事態である」(5)とも述べていることに注目する必要がある。

実際、近年の労働市場の変化と働き方の多様化により、前述した非正規労働者の増加やギグ・エコノミーに象徴される経済的格差が拡大する傾向があり、それが民主主義の危機として指摘されている。富を再配分する国の機能が弱まり格差と不平等が常態化すると、人々の公共心や他者への思いやりなどが失われ、相互不信が強まり公共的意識も低下するからである。これがピケティも指摘する民主主義の危機を深化させることにもなっているが、多くの先進国でみられる多数を占めていた「中間層」が没落した結果、就業機会を失った若者やマイノリティーの急進化・ポピュリスト化が進んでいることはその象徴で、そこにファシズムの危険すら指摘する意見もみられるのである（後述）。

したがって民主主義を健全に維持し発展させていくためにも、グローバル化により深化している地域的、人種的な多様な格差と不平等を改革することが課題となる。

### (3) コロナ禍で明らかになった課題

２０２０年初頭に明らかになった新型コロナウイルスの感染はその後世界的に拡散し、すでに感染者数は１億５千万人、死者数は３１０万人を超え、わが国でも感染者は59万人、死者数は１万人を超えている（２０２１年５月１日現在）。このため感染者を治療できる医師やベッドの不足などの医療崩壊が深刻になっているが、感染力と致死力の強い変異株の発生もあり、今後感染者と死者はさらに増大するものと予測され、ワクチン接種などの対策が講じられているが収束が予測できないのが実態である。

このコロナ禍が社会に与えている状況をみるといくつかの重要な特徴があるが、その中でとくに指摘したいのは経済的社会的弱者への影響が大きいことである。世界的には低賃金で生活困窮者が密集しているスラム街などで生活するこれまでも社会の最下層である人々の生活は一層困難になっている。わが国でも新コロナ禍の影響で多様な業種で営業停止や廃業および人員が削減され、多くの就業者は失業に追い込まれているが、とくに非正規労働者、女性、若者が多い。またアルバイトが無くなり休学や退学に追い込まれている学生も多くみられる。

しかもコロナ禍の被害を受けているこれら経済的社会的弱者への国・自治体からの支援もあるが十分とはいえず、食料援助など民間のボランティアに頼っている者も多いのが実態である。

人についてのこうした経済的社会的弱者の問題は企業についても指摘できる。コロナ禍の影響を受けている企業は飲食業、宿泊業をはじめ流通業、輸送・運輸業、観光業など多様で、規模の大小にかかわらず経営の悪化に直面している企業も多い。ただ大企業の場合はこれまでの蓄積や関連企業の総力を挙げた対応でその影響を極力食い止め緩和することも可能であるが、中小企業では大企業のような対応は不可能で経営の存続に直結し、国からの一定の交付金が支給されても規模の縮小や廃業に追い込まれているものも多い。しかもわが国には一部ではあるが中小企業が過剰であるとして、コロナ禍を契機にその淘汰を目指す「中小企業切り捨て論」すら見られるのである。

このコロナ禍に対し国の支援があまり期待できないためボランティアなどの自主的な活動も広がっていることは前述した。今後こうした活動を強めていく必要があるが、コロナ禍は本来的には国の責任で対応すべき課題である。したがって国民の健康本位の立場からワクチン問題も含め医療体制の整備をはじめとする諸課題への国主導の対策強化が求められているのである。

(注)
(1)マイク・サヴィジ「7つの階級英国階級調査報告書」(2019年12月　東洋経済新報社)。
(2)ジョセフ・スティグリッツ「世界上に分断と対立をまき散らす経済の罠」(2015年5月　徳間書店)17ページ。
(3)トマ・ピケティ「21世紀の資本主義」(2014年12月　みすず書房) 285ページ。
(4)同右。391ページ。
(5)「日本経済新聞」(2015年2月1日)

## 3　現代社会の改革と普通選挙

### (1) 多数者改革と普通選挙

現在における社会改革の具体的実践的課題は民主的課題の改善であるが、問題はこれを如何なる方法・手段で実現するかである。このことに関連しエンゲルスは既に130年近く前に次のように述べていた（1）。

「国民間の戦争の条件も変化したが、それに劣らず階級闘争の諸条件も変化した。奇襲の時代、無自覚な大衆の先頭にたった自覚した少数者が遂行した革命の時代は過ぎ去った。社会組織の完全な改革ということになれば、大衆自身がそれに参加し、彼ら自身が、なにが問題になっているか、なんのために彼らは肉体と生命をささげて行動するのか、すでに理解していなければならない」

そのうえでエンゲルスは「古い戦術が修正されなければならぬ」例としてラテン系諸国、フランス、ドイツ、ロシアなどで議会活動により社会主義者も議席を獲得した実態について検討している。とくにドイツでは有権者とその後にしたがっている選挙権のない青年、婦人などの「強力部隊」が自然発生的に、恒常的に、制止しがたく増加し、政府の干渉も無力なことが明らかになっていることを強調した。そして「われわれ『革命家』、『転覆者』は非合法手段や転覆よりも、むしろ合法的手段を用いるときに、はるかに威勢よくさかえる」とも述べていた。マルクスもフランス革命におけるコンミューンによる普通選挙権の意義について指摘していたことは周知の通りである。

エンゲルスが革命の権利は「すべての近代国家がそれにもとづいている唯一の真の『歴史的権利』である」（傍点エンゲルス）と述べつつも、合法的手段としての普通選挙を重視した理由は、社会組織を完全に改革するためには「自覚した少数者による革命ではなく、大衆自身が自覚して自主的に参画すること」が必要だからであった。そして非合法的手段や転覆よりも合法的手段の普通選挙が大衆の積極性を引き出し、「はるかに威勢よくさかえる」からであった。改革後の社会を平和的、安定的に維持するうえでも、少数の先覚者による革命ではなく、多数者が参加した普通選挙により成立した政権が望ましいのはいうまでもない。とくに現在課題とされている民主的課題ではそのことがいえるのである。

## （2）普通選挙の実態と課題

### ①国民の政治意識と国際的協調の重要性

エンゲルスの発言から１３０年近くたった現在、普通選挙は先進国をはじめ世界の各国に制度として定着している。しかしその実態は国の歴史的条件や政権の在り方により多様である。もちろん多くの国では本来の趣旨にしたがい民主的で公正な選挙が実施されているが、一部では暴力を用いて反対勢力を排除し、選挙で政権を獲得した後は独裁的な政策を実施したり、はじめから個人の自由を許さず国の介入により候補者の資格を決めて選挙するなど、三権分立を欠き選挙が本来の機能を果たしておらず形骸化している国もある。

近年先進国では戦後民主主義の担い手とされた中間層が没落し、賃金抑制や就業機会を失った若年層などが既存の政治的エリートへの不満を爆発させ、ポピュリスト化する行動が強まる傾向もあることは前述した。このため選挙の形骸化だけでなく現代を自由と民主主義の破壊や崩壊の危機ととらえたり、一部ではファシズムの前兆とする意見もみられるのである（2）。国民は権力を握っている政府の政策を信頼して支持し、これに反対する国への批判を強めたりすることはありうるが、それがグローバル化の進展にもかかわらず一面では政治における国や地域ごとの対立を強める原因ともなっている。

こうした一部の国にみられる国民に対する独裁的、弾圧的な民主主義の否定的政策については、国連をはじめNPOなどからも批判や抗議の意見が表明されている。しかし基本的には選挙制度や人権の問題はそれぞれの国の国民の認識に依存することなので、各国の国民は主権者として自国の人権や選挙制度についてては日常的にも注目し、万一本来の在り方から逸脱するようなことがあれば、その改善に取り組むべきなのはいうまでもない。

ただ、これまでの経過を見れば選挙制度や人権の問題は一国だけでなく国際的にも協調した取り組みにより確立されてきた歴史があるので、前述したような実態の改善には、一国だけではなく国際的な協調による改善への取り組みが必要なのはいうまでもない。これは人権宣言にかかわって述べられている次のような指摘からもいえることである（3）。

「国内民主制と国際民主制とは、たがいに密接な関連を有し、前者は後者の条件であると同時に、後者はまた前者の条件でもある。諸国の憲法ないし権利宣言による人権の保障は、論理必然的に人権の国際法的な保障をもたらし、また、国内の権利宣言による人権の保障は、国際法的な保障によって裏付けされてはじめて、実効的なものになることができる」。

こうした観点からみると、「人類社会のすべての構成員の、固有の尊厳と平等を譲ることができない権利として承認することは世界における自由と正義と平和の基礎」であると宣言した「世界人権宣言」とそれをとりいれて組織された国際連合について、いずれも法的拘束力と実際に果たしている機能と役割については批判も強いが、その制定と設立の経過から見て、各国に強まっている自国本位の非民主的在り方を改革するうえでその意義と役割に改めて注目する必要があるようにも思われる。

いずれにしてもここで強調したいことは、前述したような選挙制度の改善・改革には国際的、国内的な民主主義の擁護と確立のための長期にわたる継続的で粘り強い取り組みが不可欠なことである。したがって各国の国民自身が主権者として自国の選挙制度と人権についての考えをもつことが基本であるが、同時に国際的な協調も同じくらい重要なのである。このことは現在みられる選挙の非民主的な動向や各国の国民に対する人権の抑圧・介入の改善についても、国内的、国際的に協調した取り組みの強化が求められていることを示しているといえる。

②わが国における選挙の実態と改善・改革対策

前述したように、普通選挙により安定した過半数を獲得し国政を民主的、平和的に転換するには、国民自身の健全な政治的自覚と意識が重要であるが、このことは近年わが国でみられる国政をはじめ首長などでの投票率が低く、選挙制度の空洞化がみられることは重要な問題で、その改善が国政上の課題であることを意味する。

そこで選挙の空洞が進んでいる要因をみると、国政選挙でまず指摘したいことは、その一つに小選挙区制への変更があるように思われることである。その理由はそれまでの中選挙区制では一つの選挙区でも自民党からは複数の立候補者があったため、農業・農民政策でも候補者をめぐり選挙区でも選挙民の討議も活発な面があった。しかし小選挙区制では一選挙区で自民党本部が承認した一人の立候補者のため、地元における候補者も抱き込んだ取り組みが無くなったことも影響している面もあるので、選挙制度の改善も課題のように思われる。

と同時により根本的な要因として、国民が「原子化」により分断され、主権者としての意識にも変化が生じていることに注目したい。わが国では新聞、テレビなどを中心に毎日多種多様な報道が行われているが、とくに影響力が最も強いテレビでは政治とは関係のない番組が多いのは当然としても、ニュース番組でも日常的な事件や事故の報道が多く、政治と関係があっても問題点の指摘だけで、国民の政治的意識を向上させるような政権に対する批判的意見はあまり聞かれない。最近のマスコミ全体の在り方についてはいろいろ意見もあるところであるが、ニュース番組に関していえば放送倫理より「政治的中立」を優先する傾向が強いことは明らかである。そしてこのことが国民の「現状容認意識」を強め、国政や地方自治の在り方に不満があっても意見を表明せず、主権者としての「一票」行使の意義についても意識しない傾向を強める結果ともなっている。

ただその一方で注目すべきはとくに若者を主体に、ツイッターなどのソーシャルネットワークが発達し、国民大衆の意見はネットを通じて一気に広まる傾向も強まっていることである。このソーシャルネットワークは国民の国政および地方自治体などの在り方に対する不信と不満を広く表明する手段となり人々をつなぎ社会を動かす力ともなっているのである。ただこの意見は相互に十分に討論した結果ではなく、各個人の生活実態なども不明なので、他人を根拠なく非難し傷つけたりまたヘイトスピーチだけに利用されたりする場合もあり、またポピュリズム化する可能性もあることが指摘されている。いずれにしてもこうした複雑な状況のもとで国政革新を進める上で最も重要なことは、いうまでもなく国民一人一人が主権者として改革の主体としての政治的自覚をしっかりと持つことであるのはいうまでもない。

この問題に関連しエンゲルは19世紀の階級社会の差別と労働者の貧困および大都市ロンドンの実態について述べたなかで、既に人間の「原子化」の問題について言及していた。エンゲルスは「人間は残酷な無関心で孤立化し『原子』の世界」にあることが「強者が弱者を踏みにじり強奪している」(4)要因にもなっていることを鋭く指摘していた。ここでのエンゲルスの主題は人間の「原子化」ではなく階級間の格差が主題であったが、資本主義社会における競争が国民階層の多様化と格差拡大および人間の「原子化」を促進し、それが政治的な無関心や消極性の背景にあることを示唆したものであった。

したがって現在この「原子化」を改善し国民の健全な政治意識と自主性を向上することが課題である

が、その意味で近年強まっている生活困窮者や障碍者などの生活弱者の支援をはじめとするＮＰＯなどの取り組みは極めて重要である。国の支援が乏しいこうした生活弱者の支援をはじめとする多様なつながりの強化は、国民の「原子化」を改善・改革し、国政革新の真のエネルギーとなるからである。

ここでいま一つ指摘したいことは労働組合などの自主的な組織の果たす役割についてである。それはこれらの自主的な組織（宗教団体、婦人団体、教育団体、組合、××同盟など）の活動は、国民の政治への関心と政治的自覚、自主性を高め、民主的政治の健全性を維持するうえで重要な役割を果たしていることが実証されているからである。

もともと「（労働組合の）使命は狭い経済闘争にあるのではなく、むしろ、そこで政治・社会・文化のあらゆる問題が大衆的に討議され、また教育されることによって……大衆の自主的な判断力と積極的な公共精神を不断に喚起することにある」(5)からである。現在労働組合や宗教団体以外にも協同組合をはじめ医療・介護、教育、環境保全、地域振興、スポーツ、趣味など多様な組織が存在しているので、より広範で多様な取り組みが可能で、民主主義を維持し国民本位の国政を構築するうえでは展望があるといえる。このように多様な組織がそれぞれの観点から多様な課題に取り組むと同時に、会員相互で生活上、政治上のいろいろな問題について話し合うことは国政の民主的改革を進める上でも大切なことはいうまでもない。

ただ、労働組合に関し選挙との関係で注意すべきことがある。それはわが国では選挙において労働組合が支持政党を決め、これを組合員に強制する実態がみられることであるが、こうした強制は個人の政治的自由を保障するうえからも行うべきではない。これは農協についても同様で、これまで与党自民党候補者の推薦母体となり、組織として一定の候補者を掲げて運動も行う農協が多くみられ、また、全国農業者農政運動組織連盟（全国農政連）が国政選挙で推せんする候補者もほとんどが自民党員である。しかも協同組合原則からみても農協は政党に関しては等距離・等間隔であるべきであるが、近年日常的な活動でも自民党など与党重視の傾向がみられる。今後はこれを改善し与野党に限らず各政党との等距離・等間隔を徹底するとともに、選挙では組合員が自由に自主的に判断できるよう情報提供に留めるべきである。

（注）
（1）エンゲルス「カール・マルクス『フランスにおける階級闘争、1848年から1850年まで』（1859年版）への序文」『全集』（第7巻）532ページ。以下のエンゲルの意見も同書による。
（2）一例をあげればマデレーン・オルブライト「ファシズム」（2020年10月　みすず書房）がある。
（3）高木尺八・末延三次・宮沢俊義編「人権宣言集」（2007年5月　岩波書店）26ページ。
（4）エンゲルス「イギリスにおける労働者階級の状態」『全集』（第2巻）251ページ。
（5）丸山眞男著「政治の世界他十篇」（2014年2月　岩波書店）153ページ。

# 第7章　協同組合の社会改革への対応と展望

## 1　多数者改革と協同組合の役割

### (1) 資本主義、社会主義と協同組合

オウエン、サン・シモン、フーリエ（以下「空想的社会主義者」）およびマルクス、エンゲルス、レーニン（以下「科学的社会主義者」）の協同組合に関する意見を対比した検討を通じ、これまでと重複するところもあるが、協同組合と社会変革＝民主主義的改題の改善との関係を考えるうえでの再確認の意味で、とくに重要と思われる課題について検討したい。

その一つは科学的社会主義者は協同組合がその価値と原則に基づき民主的で自由、平等、公正な、精神的にも経済的にも豊かな社会を実現するためには、資本主義体制の全体的変革が不可欠なことを強調したことである。マルクスがもっとも強調したのは協同組合運動にみられる個人的努力でつくり出せるような限られた程度の改革ではなく、社会の全般的条件の変化が重要なことであった。またエンゲルス

がオウエン、サン・シモン、フーリエを空想的社会主義者として批判したのは、彼らはプロレタリアートの代表者として登場したのではなく、資本主義の発展を歴史的にみることができず、新しい社会の創造者であるプロレタリアートに依拠せず、自分の頭の中だけで全人類の開放を考えたからであった。

レーニンも同じ趣旨で協同組合主義（者）を批判した。レーニンは協同組合活動家について、「搾取者の支配を打倒するための労働者階級の政治闘争の基本的・根本的な意義を理解していない」(1)ことを指摘した。また、古い協同組合活動家の空想性はどこにあったのかを問い、それは「彼らが、階級闘争、労働者階級による政治権力の獲得、搾取階級の支配の打倒というような、基本問題を考慮しないで、社会主義による現代社会の平和的改造を夢見ていた点にある」とも述べていた。そしてそれ故に「住民をたんに協同組合に組織することによって階級敵を階級協力者に転化し、階級戦争を階級平和（いわゆる国内平和）に転化できるという念願」(2)をもつことになったとして、その空想性を批判したのである。

このように科学的社会主義者が労働者の階級闘争による「社会の全般的変化」の取り組みを重視し、協同組合にもそれを求めたのは、協同組合は資本主義の胎内で生まれ、そのもとで発展したため資本主義思想で冒された経営理念と小ブルジョア的動揺性があるため、自ら掲げている理念と原則からも遊離する危険性があり、また歴史的にもそうした実態があったからである。

その上でいま一つ注目したいことは、このように協同組合運動がもつ問題と古い協同組合主義者の空想性を批判したが、マルクス、エンゲルス、レーニンの3人とも一方では資本主義企業とは異なった協同組合の特徴にも注目し、労働者の悲惨な経済的状況を改善するうえでは一定の役割があることも指摘していたことである。

マルクスがイギリスの工場制工業の実態調査を通じ協同組合工場を評価したが、綿紡績だけでなく小麦、食料品、反物などさまざまな消費物資の商業にも協同組合制度が及んでいることに注目した。これはすでに述べたことであるが、この問題に関してM・カントールはマルクス、エンゲルスはともに「小所有者がそれを通じて社会主義建設に引き込まれる道としての協同組合の役割を少しも疑っていなかった」といい、その理由として、プロレタリアートが国家権力を手にしたあと小農対策が重要となるが、「私的経営および私的所有を、強制によるのではなく実例と社会的助力の提供によって、協同組合的なものに導くこと」が任務となることをエンゲルスが強調したことは、多くの点でソビエトの政策を予言するものであったと述べている(3)。

M・カントールのこの意見はスターリン批判の前ではあるが、社会主義建設との関係でレーニンが実行した協同組合対策を見れば、この指摘の正しさを実感できる。レーニンは「協同組合について」で、「資本主義国家のもとでの協同組合が、集団的な資本主義施設であることには、疑いない」としていたことは前述した。しかし一方では社会主義建設には「プロレタリアートと幾百万の小農民および零細農民との同盟、そして農民にたいする指導権がこのプロレタリアートに確保されていること」(4)が必要であり、それには協同組合が重要な役割を果たすとしていた。

つまり社会主義建設では、多数の農民を組織しその自発性と自覚に基づいた活動を強めることが重要課題とされたが、そのため広範な大衆を組織している協同組合が重視された。また自由な商工業の役割も改めて見直し、「真の住民大衆が実際に参加するような協同組合取引を支持し、その取引に参加する農民に報償を与えることは無条件に正しい」ことも強調されたのである。これはカントールが述べたエンゲルスの意見の実践そのものであった。

レーニンは同時に、「有能な、読み書きできる商人となる能力」との結合も強調し、「教養ある商人」、「ヨーロッパ的商売」を重視し、プロレタリア政権のもとでは「協同組合企業は社会主義的企業とは異ならない」とも述べていたことは前述した。そこでも指摘したようにこのレーニンの意見は、社会主義建設上でも実務的にしっかりした国内企業の育成が不可欠な課題で、そのためにも協同組合の機能発揮が期待されていたことを示していた。

これは割当徴発を食糧税に変更した政策でも明らかで、この政策変更により生産・配分機関として協同組合を重視し活用した。それはプロレタリアートが少なく農民が大多数というロシアに固有な特殊性に基づき農民の支持と参加を獲得し、ソビエト共和国の維持と発展を図るためであった。

レーニンはロシアには読み書きができる「開化した」農民が少ないので、「革命的奮起と革命的熱狂」で「有能な、読み書きできる商人となる能力」が協同組合活動家の能力としても要求されるとした。そしてそうした活動家の取り組みにより、「アジア的な商売」を「ヨーロッパ的商売」に改善する課題が協同組合にとっても重要であるとしたことは前述した。これはソビエト政権が目指した経済的貧困と人間開放を進める上で、協同組合がもっている役割についてのレーニンの認識を示したものなのはいうまでもない。

ただ、その後スターリンは「暴力的な農業集団化を強行しネップ期の政策思想と政策体系を完全に放棄し破壊してしまう」(5)が、この国家権力による「社会化」の強行がその後のソ連崩壊の遠因になったということもできる。

## (2) 現代における民主的改革の重要性

ここで改めて指摘したいことは、これまで述べたマルクス、エンゲルス、レーニンの意見は資本主義の転換とその後の社会主義革命と社会主義建設にかかわって示された意見なことである。しかし既に述べたように、現在、先進資本主義国では資本主義を転換して直接社会主義・共産主義を目指している国はなく、資本主義に起因する多様な民主的課題について、資本主義体制内での改善・改革に取り組んでいるのが実態である。これは資本主義の永遠な存続を求めているのではなく、革命的改革の条件が未成熟な現在、現実に生起している諸課題の具体的な解決により民主的で公正、平和な人間生活を目指していることを意味する。そしてこうした民主的改革が主要な課題となっているところに現在の情勢の重要な特徴がある。

もちろんこのことは、巨大化し多国籍化した資本と国民大衆との階級対立をあいまいにし将来の戦略目標として資本主義を乗り越えた社会主義・共産主義への展望を否定するものでないのは当然である。そして協同組合の社会改革についても、こうした観点から民主的課題の改善・改革を目指した取り組みを強めることが求められているが、それには多様な組織との連携・統一が重要なことは、産業組合の限られた歴史からもいえることである。

資本主義の矛盾が顕在化しその改革が実践的な課題となっている現在、協同組合は先覚者の意見と実践にも学びながら、この課題に取り組むことである。

(注)
(1)レーニン「協同組合について」『全集』(第33巻) 487ページ。
(2)同右。493ページ。
(3)M・カントール著　平館利雄訳「協同組合論」(1970年10月　民衆社) 54ページ~55ページ。
(4)(1)に同じ。488~489ページ。
(5)日野秀逸著「マルクス・エンゲルス・レーニンと協同組合」(2010年4月　本の泉社) 314ページ。

## 2　協同組合の特徴と社会改革

### (1) 協同組合と民主的課題

まず強調したいことは、民主的課題には協同組合の価値および原則と共通した理念があることである。周知のように協同組合は、「共同で所有し民主的に管理する事業体を通じ、共通の経済的・社会的・文化的ニーズと願いを満たすために自発的に手を結んだ人々の自治的な組織」であり、その価値の基礎を「自助、自己責任、民主主義、平等、公正、連帯」においた「倫理的価値を信条」とする組織である（ICA100周年記念大会決議）。このことは協同組合が民主的課題を進める上で重要な役割があることを示すものでもある。

協同組合は国・地域、人種、性別、宗教、職業と社会的な階層などにかかわりなく多種・多様な人々が平等に自主的・自発的に参加し、しかも世界的なひろがりをもった組織であるが、とくに協同組合は組織体であると同時に参加者＝組合員が自ら管理・運営する事業体でもある。これは労働組合や政治的課題最優先の政党とは明らかに異なった協同組合固有の特徴で、現在の民主的課題の改善・改革を進める上でも、この特徴は有利に働くことはいうまでもない。

ただ、ここで指摘しておきたいことは、これまでもオウエン、サン・シモン、フーリエの源流の協同組合主義者が展望した未来社会について、マルクス、エンゲルス、レーニンが目指した社会主義・共産主義と対比しながら述べたが、当然なことながらこのことは協同組合の価値実現により目指されている未来社会と科学的社会主義が展望する資本主義に代わる社会主義・共産主義社会とは同一ではないことである。しかもマルクスは「社会主義・共産主義の目標を科学的に見定めながらも、空想的社会主義者たちとは違って、未来社会の詳細な青写真を描くことは決してしなかった」。その理由は「本当の『科学の目』の持ち主として……こういう問題は、実際の歴史の歩みのなかで、そのときの、その社会の具体的な情勢に応じて規定されるものであって、いつでもどこでも適用できる万能薬的な解決方法があるわけではない」からであった(1)。そして協同組合についてみてもオウエン、サン・シモン、フーリエだけではなく現代においても協同組合の目指す未来社会像は論者ごとに異なっており、統一したものがないのが実態である。

そしてここで強調したいことは、発達した資本主義国では民主的内容が改革の実践的課題となっている現在、未来の社会像の一致ではなくは民主的課題に対する改善・改革への共通した認識である。マルクスの言葉を借りていえば「社会の具体的な情勢に応じて規定されて」提起されている民主的課題についての共通した改善・改革への認識である。そして現在改善・改革が目指されている民主的課題はオウエン、サン・シモン、フーリエの意見とも共通したところがあり、空想的なるが故に時代を超えて現代でもありうる意見なので、社会の在り方を考える場合単に「空想」であるとして排除すべきではない内容もみられるのである。

## （2）重要な豊かな人間生活

資本主義経済の矛盾が深化している現在、国民が求めているのは「日常的にゆとりを持ち、自分の人生目標を自由に安定して追求しながら健康に暮らすこと」にあり、協同組合も組合員がそうした生活を営むことができる社会を追求しているとすれば、これはマルクスとも共通したところがあるように思われる。その理由はマルクスは「時間のエコノミー」という概念を強調していたからである。マルクスは「社会発展の全面性は『時間のエコノミー』にかかっている」と述べ、それは「人間と社会が生きていくために、物質的生産のための労働が必要だが、その仕事のために使う時間が少なければ少ないほど、社会はますます多くの時間を、精神的生産を含むその他の活動のために獲得する。社会の発展、社会の活動の全面性は、『時間の節約（エコノミー）にかかっている』」(2)からである。

このようにマルクスは人間が生きていくための「精神的生産」を重視したが、もともと資本主義から社会主義への「過度期」に関連し、「資本主義的生産の内部で生まれた『社会的生産』が、自由な生産者が協力しあう新しい結合体に代わるためには、生産現場に新しい社会にふさわしい新しい人間関係をつくり出す必要がある」としていた(3)。こうした観点からマルクスは協同組合運動についても、「資本に対する労働の隷属にもとづく窮乏を生み出す専制制度を自由で平等な労働者の連帯社会という共和的制度とおきかえる可能性」に言及し、協同組合工場は「資本と労働の対立は廃止された、生産手段を自分たち自身の労働の価値増殖のための手段として用いる古い形態の最初の突破である」とも述べていたことは前述したことである。

したがって協同組合理念と唯物史観とは思想上全く異なってはいるが、具体的な民主的課題の改善と労働の面でも心の面でも豊かな人間生活を目指すことで共通したところも多くあることも事実である。これはエンゲルスがドイツの共産主義者の友人の一人が実際的な共同社会の組織計画と規則の作成に参画する際、「オウエンやフーリエなどの計画を参考にして、またアメリカの共同でえられた経験や私がその繁栄を願っているハーモニーにおける実験を役立てること」(4)を考えていたと述べていたことからもいえることである。ここでエンゲルスがハーモニーにおける実験を「私がその繁栄を願っている」と述べていることは、オウエンとフーリエの共同社会論を評価していたことを傍証しているともいえるからである。

もちろん理念と理論が根本的に異なっている空想的社会主義者と科学的社会主義者の意見は、表現が共通していても同一視はできないし、その比較には慎重を期すべきなのはいうまでもない。しかし資本主義の矛盾が顕在化し、多数者を結集して民主的課題の改善を行うことが実践的課題となっている現在、両者の相違点ではなく共通した内容にも注目することは重要なことである。今後協同組合（人）は多様な組織との連携・統一を強める必要があることは既に述べたが、両者に共通した内容があることは、協同組合がこうした取り組みを促進するうえで重要なことといえる。

マルクス、エンゲルス、レーニンはともにプロレタリアートの指導による革命闘争により未来社会の実現を目指していたが、エンゲル自身少数者による革命ではなく普通選挙による社会改革を展望していたことは前述した。しかも現在の多くの先進資本主義国の課題は社会主義革命ではなく民主的改革なので、多数者を結集し民主的で公正な方法により資本主義社会を改革できる可能性も強まっているといえる。協同組合（人）もそのことに確信を持ち、多様な組織との連携・統一を強化し、価値と原則に基づいた本来の取り組みを強めることが求められているのである。

(注)
(1)不破哲三「マルクス未来社会論」（2005年9月　新日本出版社）17ページ。
(2)不破哲三「マルクス未来論の〝発掘〟（上）」（「前衛」2014年7月）22～23ページ。
(3)不破哲三「マルクス未来論の〝発掘〟（下）」（「前衛」2014年8月）19ページ。
(4)エンゲルス「ドイツにおける共産主義の急速な進展Ⅰ」『全集』（第2巻）540ページ。

## 3　社会改革対応の基本問題と課題―日本の協同組合を中心に―

### （1）多様な組織との連携・統一

協同組合が社会改革に取り組む場合いくつかの重要な課題があるが、その一つにわが国の協同組合では成立にかかわる政府との関係の問題がある。産業組合は1900年政府主導で発足し、そのあと米の需給対策などに取り組んだが、1932年に世界恐慌に対応するため実施された農山漁村経済更生計画ではその中心的推進組織とされた。このため産業組合みずからも「拡充5カ年計画」を決定し、一町村一組合や未設置村と未加入農家の解消などに取り組んだ。そこで強調されたのが協同組合理念に基づいた取り組みで、「都市資本主義の搾取より農村を解放する」ことを目指したが、結局は戦時体制が強化されたため1943年に「皇軍感謝決議」を行い、その歴史に幕を閉じたのである。

産業組合には他の組織と連携して取り組んだ医療利用組合や国民健康保険制度などの注目すべき活動もあったが、国の政策に基づいて成立された協同組合という活動が主体で、他の多様な組織と連携・統一した闘いが不足していたため、基本的には当時危機にあった国の支配体制の矛盾を緩和させながら、戦時体制を強化するという役割を負うことになったのである(1)。

W・Z・フォスターがオウエン、フーリエなどヨーロッパの空想家たちについて、「(彼らの) 小さな理想主義的冒険事業は資本主義の大海の一滴にすぎず、たちまちことごとく大海にのみこまれてしまった」(2)と批判したが、産業組合の歴史も「戦時体制」の大波に飲み込まれてしまったのである。その要因は産業組合が国際的で世界的にも承認されている協同組合思想を日本が直面している国内的な狭い課題に押し込め、全般的な社会改革への取り組みを怠ったからであった。

戦後農協はこうした歴史を顧み、非農民的勢力の支配を脱することを目指して発足した。しかし農協に対しても「行政の補助組織」という指摘とともに、本来は各政党とは等距離・等間隔であるべきなのに与党自民党に偏重しているとする強い批判が存在する。こうした「負の遺産」を改善し、価値と原則に基づいた本来の協同組合としての活動を強めることが農協に求められていることはこれまでも強調したことである。

## (2)具体的な対応方向と課題―農協を中心に―

### ①国民健康保険制度への取り組みの教訓

わが国の協同組合の歴史をみると、多様な組織と連携・統一した全般的な社会変革への取り組みはあまり見られないが、その限られたなかで産業組合の国民健康保険制度への取り組みが教訓的である。これは政府が1933年に提出した国民健康保険法案に対し産業組合はその代行を求め、最終的には医師会の意見もとりいれた追加と技術的修正を加えただけで、ほぼ産業組合の要求通り法案が成立した取り組みであった。

ここで注目したいのは、産業組合は要求の根拠を「政府案では国民健康保険組合は医師の搾取機関となるので、自主的な組織、即ち労働組合、農民組合、産業組合を基礎として組織すること」(3)におき、この目的を実現するため賀川豊彦（社会大衆党顧問）、松岡駒吉（全日本労働総同盟会長）、河野蜜（同副会長）、杉山元治郎（全国農民組合中央委員長）などの組織代表が一致協力したことである。

なお、この取り組みが行われた背景には、同じく1933年に島根県の清原村信用購買販売利用組合によって開始された医療事業があったことを指摘しておきたい。この医療利用組合の開始は天下りではなく必要に迫られて自然発生的な医療社会化の一面を持っており、「経済的窮乏に加え無医村の激増、健康の悪化に悩む農村を救済」(4)することを目指したものであった。こうした背景があったため、国民健康保険問題でも多様な組織を統一した運動が可能となったが、この産業組合による医療事業と国民健康保険問題は戦後にも引き継がれ、農協が医療厚生事業により農民・農村の健康増進に取り組む要因にもなったのである。

いずれにしても国民健康保険制度は長期に亘り必死の闘いが繰り広げられたため要求は実現したが、それ故に「2・26事件が起き東京市内で戒厳令が敷かれ、一切の社会運動が困難を極めていた時代に、産業組合を先頭として貧農のために闘う全民衆団体の統一戦線活動として、歴史的意義を有するものであった」(5)と評価されているのである。

②今後の課題と対応方向

農協は今後の取り組みでは、この産業組合による国民健康保険制度実現の経験に学んだ取り組みを強化する必要がある。そのため最近の動向からみてとくに重要と思われる課題について検討したい。

その第1はいうまでもなく農協にとってまず重要なことは、地域に存在する農業・農民の要求をはじめ住民の多様な要求をくみ上げ、その実現のための運動を強化することである。農協はこれまでも農畜産物価格、農業構造、税制など農業・農民の要求を取りあげ、政府など関係機関にその実現を要求してきた。これは農協として当然なことであった。と同時に協同組合原則の一つに「コミュニティーへの関心」があり、「(コミュニティーの)持続可能な発展のために活動する」と規定されているので、今後農協には本来の協同組合として、農業・農民問題と同時に地域とその住民にかかわる諸課題への取り組み強化も求められているといえる。

その際留意すべきことは農業・農村については政策内容とともにその策定過程も大きく変化していることである。従来は主要な政策は与党自民党の各担当組織・部署で検討され、最終的に与党と政府が協議し一致した内容を国会に提起し、審議の上決定された。当然その過程では農業団体も意見を表明する機会もあったが、衆参両院の農林水産委員会では自民党から共産党に至る与野党の意見が一致することが多い実態もみられた。これは限界があったとはいえ、当時の国政には多様な意見を反映できる可能性が強く、また限界があったとはいえその条件もあったことを示していたといえる。

しかし現在ではこれがまったく異なっている。食料・農業・農村基本政策については政策審議会の意見を聴くことが法律で規定されているにもかかわらずそれが無視され、規制改革推進会議の答申などを主体に、官邸主導で政策が策定され、実施されているのが実態である。当然のことながらこの間自民党議員すら意見を自由に表明する機会がほとんどなくなっており、農業団体についても同様である。したがって国会の審議でも農業問題をはじめ重要な国政上の課題についても、与野党による国民の多様な意見に基づいた審議があまりみられなくなっている。

こうした政策策定過程の変化には、前述したように小選挙区制が大きく影響しているといえるが、官邸主導によりこのように多数の自由な発言を封じ込めることは、ファシズムにも通ずる危険な動向であるともいえる。

同時に、政府によるこの政策策定過程の変化は農業団体にも影響を及ぼしていることに注目する必要がある。それは農業団体としての意見表明の機会が失われ要求実現のための運動もみられなくなっていることは、農協についていえば各政党との等距離・等間隔であるべきとする理念を弱め、与党自民党寄りを強める結果にもなっているからである。

もちろん従来の農業団体の要求運動自体にも問題があったが、この運動自体がみられなくなっていることは、農協にとっては協同組合本来の在り方としても問題があるといえるので、農協を含めた農業団体には農業・農民・農村および地域にある多様な要求を全国的に積み上げ、現状に応じた体制と方法によりその実現を目指した取り組みを強化することが求められているといえる。第2はそのため多様な組織との連携・統一を強化することである。産業組合による国民健康保険運動では、「自主的な組織、即ち労働組合、農民組合、産業組合を基礎とした要求」が基本となっていたことが運動を成功させる要因となっていたが、これは現在でも変わらない社会改革運動を成功させるための基本的な「鍵」である。

農民を結集して取り組まれた従来の農協の農畜産物価格要求でも農協単独の運動で労働組合はもちろん他の協同組合や農民組織との連携・統一にも極めて消極的であったため、他組織から「農協は自分たちだけで集まる」という批判がみられた。しかし近年では直売所の開設・運営による地域農畜産物・食料の販売・消費、学校給食と親子教室および学童の農業体験、レストランの開設をはじめ高齢者福祉対策や障碍者雇用など農福提携に取り組む農協も多くみられるようになっているように、要求の多様化に応じそれを実現する取り組みでも多様な組織との連携・統一の強化が求められている。

これは自己改革の取り組みからも明らかである。政府による農協改革集中推進期間が終了した後も農協は自己改革に取り組んでいるが、そこには営農・販売などの担い手対策、労働力と就農支援、農畜産物輸出対策などの農業面だけでなく、移動購買車・買い物支援、認知症サポート、鳥獣被害などの地域社会の維持発展にかかわる取り組みも増加している(6)。既に述べたように、今後農協はこうした地域に存在する多様な要求を改善するための取り組みを一層強化する必要があるが、そのためには従来の在り方を「脱皮」し、多様な組織との連携・統一の強化が不可欠なのである。

最近の集中豪雨や地震の多発に応じ災害・消防対策などを行う農協も多くなっており、また、国連のSDGsなど持続的発展や環境保全も重要な課題になっているので、今後は農民＝正組合員だけでなく准組合員など農民以外の多様な地域住民・組織との協力も重要な課題である。

第3は以上の取り組みを強めるうえでも農協については事業・経営にかかわる問題がある。農協が協同組合の価値と原則を重視した取り組み行うことは重要だが、「こうした取り組みを強めると事業と経営に影響する」との意見が聞かれることが多い。こうした問題に如何に対応するかである。

実際、販売・購買事業はいうに及ばず、農協経営を支えている信用・共済事業も低金利政策などにより厳しい状況にある。金融事情のこの厳しさは地銀で合併や統合が強められていることからも明らかで、農協にとっても経営基盤の強化は組織の存亡にもかかわる重要な課題なのはいうまでもない。

これまでも農協は事業・経営基盤を強化するため様々な対策を実施してきた。一例を農協合併についてみると、当初合併に反対していた農協は農協合併助成法が制定されたあと、1963年に「単協合併の方針について」を決定した。そこには合併の基本として「日常組合員の意志が反映できる範囲」と「経営の安定が確保される範囲」が規定されていたが、当初前者にあった重点がその後後者に移り現在に至っている。農協合併の目標をすべて「経営安定」とすることはもちろん正しくないが、今後一県一農協も含め農協経営をめぐる状況は一層厳しくなり、規模拡大など経営基盤強化対策が引き続き追求されことになる。その一つに私企業の論理と手法の導入にかかわる意見が強まることも予測される。

実際、世界的に協同組合のビジネスモデルが評価され、競争市場で株式会社などと対等となるように制度的枠組みの見直しが行われている。しかしわが国の協同組合立法は会社法や一般社団法人法とは異なり、特別法としての目的と政策手段・枠組みをもったままである。このため今後は資本強化の観点から協同組合法も他の法律との横断的な検討が必要となるが、わが国ではその対応が進んでいないのが実態であるとする意見もみられる(7)。ここで述べられているこうした農協をめぐる動向に如何に対応するかが問われているのである。

これまで資本問題も含め農協では経営基盤の強化対策が重要な課題として対策が講じられてきたが、こうした問題は専門的知識が必要なので少人数の専門家で検討されてきた。今後も詳細な検討にはそうした対応が必要だが、この資本強化など経営基盤強化は農協・協同組合の在り方にも直接かかわる基本的課題なので、組合員・地域本位の組織・事業を目指すうえでも、准組合員も含め組合員との徹底した話し合いを行う必要もあるように思われる。

ここで組合員との徹底した話し合いを強調する理由は、既に述べたようにロッチデール組合が成功した要因には先駆者たちが組合員を足しげく訪問し、組合員集会をたびたび開くなど、組合員との意思疎通を大切にしたことにあったからである。現在、農協に求められているのはこうした貴重な経験にも学びながら、経営にかかわる情報の公開と組合員、准組合員による徹底した協議による対応なのである。

## （3）協同組合と国政改革への展望

現在、経済的社会的格差は発達した資本主義国、発展途上国のいずれにおいても世界的に拡大し、人種的、地域的、宗教的な対立も顕在化している。また地球温暖化など気象変動が深化し、経済と人間生活にも大きな影響を及ぼしている。わが国ではコロナ禍を利用した労働者の解雇や賃金引下げ、社会保障の切り下げ、中小企業と農業の切り捨てなどが強化され、多様な格差が拡大し生活困窮者も増大している。そのうえ自民党の長期政権による国政の私物化、強権政治による民主主義の軽視と否定が強まっているので、国民の不満と不信が増大している。

こうした実態は政治・経済の根本的な転換が国政上の現実的課題となっていることを示すものであり、協同組合についていえば社会改革＝民主的課題の改善・改革への取り組み強化が求められていることを意味する。

この課題に取り組むうえで重要なことの一つに協同組合の組織、事業の実態についての客観的な正しい認識と評価があると思われる。２０２１年3月、日本協同組合連携機構（ＪＣＡ）が公表した「２０１８（平成30）事業年度版協同組合統計表」によると[8]、協同組合の総数は単協、連合会合計で４万１６１０組合、組合員数は1億５８４万人となっている。複数の組合に加入している組合員も多いので、この組合員数は実数とは異なるが、それでもわが国の全人口の約80％を示している。家族を含めた協同組合関係者はそれをはるかに上回り、そのほかに常勤役職員が約57万人存在する。

また事業では生活資材購買事業高4兆308億円（食品では全小売総額の5・9％）、生産資材購買高2兆1425億円、販売事業高5兆9839（農林漁業産出額の54・0％）であり、預貯金額は国内総額の22・9％、貸出金額は19・9％、共済掛金収入は同15・0％を占めている。このことは協同組合事業はわが国経済に重要な地位を占めていることを示しており、こうした組織、事業をもった協同組合が一体的、統一的に活動することは、社会を改革するうえでも重要な役割があるといえる。

さらに2018年4月、それまでの日本協同組合連絡協議会（JJC）が改組され、一般社団法人日本協同組合連携機構（以下「JCA」）が発足した。このJCAの発足により異種の協同組合の連携が強化され、食材や学習支援、子供の居場所づくり、農作業の支援、県域レベルでの宅配事業など、これまでみられなかった多様な協同した取り組みが多くみられるようになっている。また2020年には新しく労働者協同組合法が制定され、国会でも与野党共同の議員連盟も設立されている。したがって今後国民の協同組合への期待が強まり、それに対応し協同組合組織の統一した取り組みも一層強化されるものと予測される。

ただここで注意しておきたいことは、2015年8月規制改革推進会議の提言に基づいた農協法改正に典型的に示されているように、最近の政府の政策には協同組合への支配介入を強める特徴が指摘できることである。この規制改革推進会議は内閣設置法に基づき、「経済社会の構造改革を進める上で必要な規制の在り方の改革に関する基本的事項を総合的に調査審議するため」（内閣府本府組織令）設置された組織で、審議事項はあくまで「規制の在り方の改革」であり対象組織の本来の在り方を審議する組織ではなく、農協法問題の審議でも農業・農政とはあまり関係のない委員による審議で答申が行われ政策が実施されている。これは前述した積み上げではなく官邸主導によるトップダウンによる政策の策定と推進と軌を一にしたものであることはいうまでもない。

このため支配介入を強めるような農協法改正に対してはICAなどの関係組織から強く批判されたが、それにもかかわらずその後もこの状態が継続されている。改正法施行5年後の見直しをめぐる検討でも規制改革推進会議の意見が大きな影響を及ぼしているが、協同組合は本来的には自主的な組織なので、国は必要以上の不当な支配介入を行うべきではないのである。

いずれにしても現在、協同組合をめぐる情勢は複雑な側面もあるが、協同組合（人）にとって重要なことは、国民の期待と広がりという積極的側面に確信をもった取り組みを強化することである。そのためには4万2千の組織および延べ1億5００万人の組合員と57万人の常勤役職員の協同組合陣営が一体となり、民主的課題の改善と価値と原則に基づいた民主的で平等、公正、連帯を基礎とした社会の創造を目指し、自主的主体的な取り組みを強めることである。これが現在の協同組合（人）に求められている責務ともいうべき課題であり、その取り組みにこそ国政革新の展望があるといえる。

（注）
（1）この詳細については拙著「農協は協同組合である」（2014年11月　筑波書房）とくに37ページ以降を参照されたい。
（2）W・Z・フォスター著「三つのインタナショナルの歴史」（1967年9月　大月書店）13ページ。
（3）産業組合編纂会編「産業組合発達史」（第4巻）（1965年12月　産業組合史刊行会）316ページ。
（4）同右。298ページ。
（5）同右。311ページ。
（6）「JAグループの活動報告書2019」
（7）明田作「協同組合の資本をめぐる問題」『農林金融』（2021年4）25ページ。
（8）対象は農業協同組合、森林組合、漁業協同組合、生活協同組合、労働金庫、信用金庫、信用協同組合である。

**【著者略歴】**

## 北出 俊昭［きたで　としあき］

1934（昭和9）年9月　石川県生まれ
1957（昭和32）年3月　京都大学農学部卒業
1957（昭和32）年4月　全国農業協同組合中央会入会
1983（昭和58）年3月　同上退職
1983（昭和58）年4月　石川県農業短期大学　教授就任
1986（昭和61）年3月　同上退職
1986（昭和61）年4月　明治大学農学部　教授就任
2005（平成17）年3月　同上退職
農学博士

〔近著〕（農協・協同組合関係）
『協同組合本来の農協へ』（筑波書房ブックレット、2006年）
『変革期における農協と協同組合の価値』（筑波書房ブックレット
2010年）
『協同組合と社会改革』（筑波書房　2012年）
『農協は協同組合である』（筑波書房　2014年）
『現代社会と協同組合に関する12章』（筑波書房　2018年）

**協同組合の源流の思想と社会改革への対応**
国政改革を展望して

2021年9月26日　第1版第1刷発行

著　者◆北出 俊昭
発行人◆鶴見 治彦
発行所◆筑波書房
東京都新宿区神楽坂2-19 銀鈴会館 〒162-0825
☎ 03-3267-8599
郵便振替 00150-3-39715
http://www.tsukuba-shobo.co.jp

定価はカバーに表示してあります。
印刷・製本＝中央精版印刷株式会社
ISBN978-4-8119-0608-9　C0033
ⓒ Toshiaki Kitade 2021 printed in Japan